# 组织文化和
# 变革相互关系探析

## ——以清华大学与麻省理工学院为例

The Relationship between
Organizational Culture and Changes:
A Comparative Study of Tsinghua University
and Massachusetts Institute of Technology

黄　晟　王孙禺　著

社会科学文献出版社
SOCIAL SCIENCES ACADEMIC PRESS (CHINA)

# 前　言

　　大学既是重要的教育机构，也是文化发展的中心。大学在推动国家发展与社会进步的过程中，形成了各具特色的大学文化，对优秀人才的成长起着巨大作用。近些年来，国家先后启动了"211 工程"和"985 工程"，重点建设若干所世界一流大学和一批国际知名高水平大学，力争建成一批世界一流学科。随着建设世界一流大学成为国家战略，体现大学深刻内涵和最终意义的大学文化的培育与建设成为日益凸显的重要课题。

　　本书梳理了大学组织理论和组织文化理论研究文献，参考院校研究的若干文献，在现有研究成果基础上构建了研究型大学组织文化的描述框架。本书研究了清华大学和麻省理工学院组织文化的基本情况，从标志性特征、制度化要素及价值传统等多个层次和方面，由表及里、系统深入地描绘和分析了这两所以工程教育著称的大学的组织文化特征。

　　本书尝试大学组织文化的定量分析方法，首次引入了大学组织文化的诊断和评测工具，对清华大学和麻省理工学院的组织文化进行调查和诊断，通过对比分析，对两所大学组织文化的状况进行验证和进一步讨论。

　　本书借鉴组织变革理论的研究成果，探讨了组织文化与组织变革的相互关系。本书在前辈学者有关清华大学和麻省理工学院等研究型大学的组织文化研究基础上，对这两所大学的组织变革进行了探讨。通过对两校组织变革情况的探讨，得出了大学组织变革的方式、步骤和效果受其组织文化影响和约束的基本结论。

　　总体而言，本书从组织文化的理论视角出发，以社会学、文化学和教育哲学为基础，融合组织理论其他学派的观点，构建了大学组织文化的基本模式，并以此对清华大学和麻省理工学院进行了描述与对比。本书同时结合组织变革理论，对大学组织文化和组织变革的相互关系做了探讨，填补了研究型大学组织文化和组织变革研究的空白。这些分析和探讨对组织文化研究的进一步深入与大学组织变革的开展提供了初步答案，具有一定的指导意义。

# 目　　录

# 第一章
# 大学组织文化和组织变革

## 第一节 大学组织文化和组织变革的基本概念

### 一 大学传承和发展了独特的大学文化

随着 21 世纪科学技术和全球经济一体化的发展，国家之间的综合国力竞争越来越激烈，各国抢占人才和科技竞争的制高点，这就给中国教育改革发展提出了新的更高要求（Charles and Garet, 2001）。综观世界各国发展的主要趋势，知识越来越成为提高综合国力的决定性因素，人力资源越来越成为推动经济社会发展的战略性资源，人才培养与储备越来越成为提高国际竞争力的重要手段。为了在日趋激烈的国际竞争中抢占先机、占据制高点，世界各主要国家把教育发展作为国家发展的重要战略基础，加大人才培养与储备力度，纷纷制定教育和人力资源开发规划（Balán, 2006）。

教育在综合国力的形成中处于基础地位，而其中高等教育尤其成为培养高素质人才的摇篮，是知识创新和技术创新的重要基地。高等教育是现代化建设的前提和基础，是提升国家竞争力、建设创新型国家和促进先进文化建设的重要支柱。改革开放特别是 20 世纪 90 年代以来，中国高等教育实现了快速发展。目前，中国高等教育已经进入大众化发展阶段，毛入学率达到 23%，在学总规模达 2700 万人。近年来，以建设高水平大学和重点学科为重点，国家先后启动了三期"211 工程"和两期"985 工程"，重点建设若干所世界一流大学和一批国际知名高水平大学，力争建成一批世界一流学科。高等教育快速发展，较好地满足了现代化建设的需要，适应了经济社会发展对专门人才的需求（张凤莲等，1994）。

大学不仅是最高的教育机构，同时还承担着文化发展的使命（章仁彪，2005）。一般认为，目前大学承担着培养人才、科学研究和社会服务等多个职能（Whitehead，1928）。然而，大学所承载的还不只是上述职能。事实上，大学由于其传播知识和创造知识的特殊功能，已成为文化的发源地和发散地。近代以来，大学在国家和社会生活中发挥了越来越大的作用，这与其在知识传播和知识创造过程中的角色是分不开的（赵沁平，2007）。仔细考察一下，我们会发现，时至今日那些以大学里阐发的思想、由大学里培养出的学者，已成为时代思想和社会思想的先驱。事实上，一所大学所承载的文化意蕴、传播的文化信息、培养的文化气质不仅成为大学本身不可或缺的一部分，而且成为其师生身上共有的特征。晚清以来，中国在积贫积弱的同时，深感国家的衰弱与教育的落后、文化的停滞密切相关，"教育救国""文化救国"成为国人努力的方向。在西学东渐的过程中，中国从西方引进了大学制度，一批大学逐渐在中国大地上建立起来并生根，成为中国社会和中国文化不可或缺的一部分。1919 年的五四运动，是一场伟大的新文化运动。值得注意的是，在这次运动中，大学和大学的师生在其中扮演了极其重要的角色。从某种意义上说，这是自西方引入大学制度以来，大学在中国社会和中国文化中第一次鲜明、亮丽的演出。"民主""科学"以"德先生""赛先生"这种形象化的符号走出校园，走进中国社会，改变了中国的历史进程。新中国成立以后，中国的大学同样在文化传播和文化生产中承担着重要角色。然而近些年来，社会文化中的阴暗面悄悄地渗透进大学校园。一些功利、商业与浅薄的元素逐渐侵袭了大学文化本身（李灿，2008）。如果大学文化建设面临问题和危机，我们怎么能够期待大学在文化传播和文化创造中发挥其时代与社会精神灯塔的作用呢？（赵沁平，2007）由此，在目前中国大学建设方兴未艾的背景下，体现大学深刻内涵和最终意义的大学文化的培育与建设，自然应当引起全社会足够的重视并采取有力措施（金保华等，2007）。

近年来，学术界和理论界高度重视新形势下学校文化建设，2006年5月13～16日，在沈阳召开了全国首届学校文化建设高层论坛。会上，近千所学校代表，介绍了学校文化建设的理念与实践经验，探讨了学校文化建设的理论与实践等问题。与会校长通过论坛开阔了现代教育的视野，高层论坛全面展示了当前我国学校文化建设的成果，同时也达成了学校文化建设任务还很艰巨，在全国范围内文化建设发展还很不平衡，相当一部分学校尚缺少对文化建设的深入理解和认识的共识。这充分反映出进一步加强学校文化建设，尤其是加强高等教育文化建设的迫切需求。

## 二　文化在大学发展和变革中发挥了重要作用

大学是一个具有深厚历史传统与文化底蕴的独特组织，从所提供产品属性的角度而言，其既负有提供公共产品（为国家培养人才、提高国民素质）的责任，又具有提供私人产品（满足不同培养对象人力资本投资的需求）的特点；既具有作为一个学术型组织的独立性特点，又需要扮演作为一个社会化组织的交往性职能（彼得森·马文，2007）。面对复杂的社会环境变迁和政府行政干预，大学对非功利性知识与理想主义精神的追求，即大学的文化内涵与精神实质，越来越成为人们关注和研究的热点（季诚钧，2004）。

近年来，国内外大量学者从各种不同的角度对大学文化及其变革过程进行了阐述，形成了许多具有重要理论意义和实践价值的研究成果。有的学者从教育学角度入手来区分大学与中小学教育的不同，提出高等教育的职能定位与培养目标；有的学者从社会学角度来分析大学的文化特征，提出大学未来的办学方向与社会责任（黄政杰，1997）；有的学者从文化学和传播学的角度来研究大学文化与社会文化之间的关联（张建新、董云川，2005；白华、杨瑾，2008）。

组织文化研究是 20 世纪 80 年代以来，管理学和社会学等领域的一个新的研究热点，学校组织文化研究是学校文化研究的一个重要组成部分。随着企业管理理论的不断完善，企业发展从中受益匪浅，这给教育的发展提供了新的参考，即向管理要效益。现代管理理念和管理活动的不断深化与变革，使传统的科层化管理逐渐转化为以文化环境的创设为核心的柔性管理，由此"组织文化"（organizational culture）理念应运而生（范国睿，2003）。组织是一个动态开放的系统，且处于一个互相关联的复杂环境之中。组织变革的理论研究与实践正是对组织内外部环境（包括组织文化）的动态性（dynamics）的一种战略性回应。

学校组织文化研究从以人为本的角度，揭示了学校组织发展的内在动力。学校管理应充分了解学校组织文化及其变革在管理中的作用，根据学校自身的文化特质，彰显学校的独特魅力，形成办学特色，不断提高学校的办学效能和绩效，同时促进教职员工的专业发展，最终达到学校持续发展的目标。

尽管近年来学术界关于大学文化与大学精神的研究已经有很多，但是目前仍然缺少让人完全满意的研究成果。一方面，目前大部分大学文化的理论和文献来自于西方，虽然有许多与国外一流大学相对比的研究，但由于对中国大学自身特点与内涵，特别是对中国大学所具有的中国特色的研究缺位，不少研究水土不服，难以印证。另一方面，从大学组织文化和组织变革等较新视角所进行的研究仍然存在着较大的空白，特别是针对具体院校进行的深入研究并不充分，简言之，"说理者多，应用者少"。

不难看出，这些都为本书提供了重要的选题方向与研究切入点。中国大学组织文化的内涵与特点是什么？与西方（美国）的大学相比，中国大学组织文化具有哪些鲜明的特征与独特的个性，这些特征与个性因何而来？中国大学所具有的组织文化特征与个性，在 21 世纪的大学变革与发展中又将发挥怎样的作用、产生怎样的影响？如何进一步发展中国大学的组织文化、开展中国大学的组织变革？如此种种都是高等教育研究领域令人好奇的重要问题。

鉴于中国大学组织文化的研究直接关系到中国高等教育的未来发展，本书希望通过对清华大学和麻省理工学院（MIT）的案例研究，能够对研究型大学的组织文化和组织变革过程做一些具体的分析与探讨，以展示中外大学在组织文化上反映出来的重要特征和在组织变革中的方式方法，并以此为基础提出研究型大学组织文化发展和组织变革的建议。具体而言，本书希望通过个案研究为回答下列问题抛砖引玉：

—— 中国大学在组织目标、制度设计、价值取向与精神内涵方面与国外大学的异同点是什么？

—— 与国外大学相比较，中国大学组织文化具有怎样的个性和特点？这些个性和特点是如何形成的？

—— 与国外大学相比较，中国大学的组织变革具有怎样的特点？组织文化与组织变革间如何相互影响？

—— 面向未来，要实现中国高等教育的进一步发展，中国的研究型大学在组织文化和组织变革中应该如何努力，具体的着力点何在？

通过对个案的分析来阐述个案中的共性特征，使我们能够较为形象而丰满地描述中国大学的组织文化特点，探析大学组织文化建设和高等教育变革的关系，进而提出研究型大学组织文化建设的方向和对策。

## 三　本书中文化、组织文化、组织变革等概念的界定

### 1. 文化

《现代汉语词典》对"文化"一词有三个解释：①人类在社会历史发展过程中所创造的物质财富和精神财富的总和，特指精神财富，如文

学、艺术、教育、科学等；②考古学用语，指同一个历史时期的不依分布地点为转移的遗迹、遗物的综合体，同样的工具、用具，同样的制造技术等，是同一种文化的特征，如仰韶文化、龙山文化；③指运用文字的能力及一般知识，如学习文化、文化水平。

对"文化"如何下定义，这是一件非常难的事情，而其难就难在"抽象性"和"具象性"。由于理解不同，角度各一，对于如何给"文化"下定义，总会有人提出不同的意见、不同的看法。由于没办法统一，所以学术界比较认同的方式是，在一系列的"文化"定义中，抽出其具有典型特征的部分。爱德华·泰勒（2005）在《原始文化》一书"关于文化的科学"一章中这样定义"文化"："文化或文明，就其广泛的民族学意义来讲，是一复合整体，包括知识、信仰、艺术、道德、法律、习俗以及作为一个社会成员的人所习得的其他一切能力和习惯。"泰勒对于"文化"所做的定义基本得到了大家的认可。

如果分析一下泰勒的定义，那么我们会发现，这个定义实质上将"文化"解释为创造物，这些创造物来自于人类的社会发展过程。这个定义得到了后人的基本认可。当然，这个定义本身没有也不可能把"文化"的问题完全彻底地说清楚，此后不同的学者仍然不断地提出新的定义，对此进行补充。到目前为止，关于"文化"的定义已经多达几百种。

我们承认文化是人类的创造物，但对文化的进一步理解还有分歧。比如说，既然文化是人类的创造物，那么，人类社会创造的一切是不是都可以理解为文化？如果都理解为文化，那么，文化与社会、文化与自然又有什么区别呢？由此，不少学者提出把文化划分为广义文化和狭义文化，其中有的学者也把广义文化称为大文化，把狭义文化称为小文化。这样区分后，广义文化的含义就近似于自然或者社会的范畴，在这样的定义中，广义文化包含了技术、经济、政治、法律、宗教等范畴，或者我们可以理解成，广义文化就是广义社会。狭义文化代表的含义需要把广义社会中的人类行动再剥离开来，除此以外剩下的部分属于狭义文化的范畴。换言之，狭义文化的定义，比较符合日本社会学家福永健一的描述，即它代表了独立于人类的行动、同时又客观存在着的符号系统。

此外，在学术界还常从文化哲学的角度对文化进行划分。基于文化哲学中对文化结构的划分，可以把文化划分为三个部分或者三个层面。其中，最核心的层面是"精神文化"，在"精神文化"外层的是"制度文化"，最外层的则是"物质文化"。对于"精神文化"、"制度文化"和"物质文化"的定义，一般认为，"精神文化"也可以被称作"观念文化"，它是"以心理、观念、理论形态存在的文化"。"精神文化"一般包含两个主要部分，"一是存在于人心中的文化心态、文化心理、文化观念、文化思想、文化信念等；二是已经理论化、对象化的思想理论体系，即客观化了的思想"。"制度文化"指的是"人们为了反映和确定一定的社会关系，并对这些关系进行整合和调控而建立的一整套的规范体系"。"物质文化"指的是"人在物质生产活动中所创造的全部物质产品，以及创造这些物品的手段、工艺、方法等"。

由上面的讨论可以看出，学科背景的不同、历史习惯的差异，导致人们对于"文化"的定义和理解存在相当大的差异。由此，我们不能苛求给"文化"做出精确的、不可更改和讨论的定义，但归纳对"文化"进行定义的过程中所发现的要素可知，"文化"的内涵应该包含具有稳定传承性的思想体系与价值体系，其外延包括制度、精神、物质、行为等诸多方面，是一个具有系统性、综合性、抽象性的基础概念。

**2. 大学文化**

一般而言，大学文化是一所大学特有的，区别于其他学校的，由该所大学的全体师生实现和体现的，被社会公众普遍认同的价值标准、行为规范、行为方式及其物化形态的总和。

大学文化是一种亚文化，由师生员工的生活方式、生活习俗、行为取向、价值判断等融合在一起而呈现的一种相对稳定的生存状态或者环境。大学文化是大学在长期办学实践的基础上，经过历史的积淀、自身的努力和外部环境的影响，逐步形成的一种独特的社会文化形态。

大学文化，以大学人为主体、以知识及其学科（专业）为基础，主要凝聚在大学拥有的深厚的文化底蕴之中，是大学精神文化、物质文化、制度文化和环境文化的总和。"独立之精神，自由之思想"（陈寅恪，1929）是大学文化价值观的内核。大学的精神文化是内层、核心和主体，包含办学理念、办学宗旨、校风和校训等。大学的制度文化是中间层（中介），通过外加的行为规范，引导约束师生的行为，维持正常秩序。大学的环境文化是外层，是物质层面的体现和物质载体，如学校的建筑风格、校徽、校旗以及纪念物品等。大学文化受周围环境的影响而不断变化。大学既是人类历史文化的守望者，又是社会主流文化的批判者。

大学文化具有整合功能。大学文化作为独立的自变量，在社会不同文化交流和冲突过程中能够发挥调节、融合、吸收的作用：整合民族文化和外来文化；整合和弘扬先进文化理念、引领社会文化的前进方向；对城市（社区）文化进行培育；对社会主流文化进行批判，等等。

大学文化的核心是大学精神，这是指人的内心世界现象，包括思维、意志与情感等有意识的方面，以及其他心理活动和无意识的方面。精神的对立面是物质。大学精神是大学生命活力的一种独特的精神形式和文明成果。大学的基本精神应该是自由、民主、科学、创新。大学精神具有独特性、历史性、时代性、开放性、凝聚性和先进性。大学优秀传统文化是孕育大学精神的土壤；大学精神是大学文化的本质、灵魂与核心；大学精神的培育有赖于大学文化的创造。"大学校园文化及其内核——大学精神"，既是社会主流文化的产物，也是它自身存在和发展过程中形成的具有独特气质的文化产品；既是科学精神的时代标志和凝练，也是整个人类社会的先进形态和高级形式。

### 3. 组织文化

组织被当作文化的载体，这一观点起源于管理学领域的研究。组织文化由此成为组织理论研究的一个重要内容，在 20 世纪 80 年代初成为管理学领域内的研究热点。在这段时间里，曾经有两本著作的出版直接引发了相关领域内的研究热潮。

1981 年，威廉姆·大内（William Ouchi）出版了著名的《Z 理论：美国商业如何面临日本的挑战》。这本书是由组织行为研究者撰写完成的一本非小说类著作，并且取得了很好的销售成绩。作者威廉姆·大内是一名美国籍日本人，而这本书的出版时间恰逢 20 世纪 80 年代初日本企业在全世界攻城略地，美国企业步步后退，美国的企业经理和企业精英正在致力于研究如何与日本企业开展竞争。在这本书中，作者通过比较美、日两国企业的管理，发现日本的管理理念和实践与美国存在很大差异。作者建议美国公司可以在考虑社会差异的前提下，有选择地吸收和借鉴日本企业的管理方法。由于受到麦格雷戈提出的 X 理论与 Y 理论的启发，大内给自己的思路起了一个新的名字，这就是 Z 理论的由来。Z 理论意指新的选择和新的方法。在 Z 理论中，大内依据人力资源发展（Human Resource Development，HRD）中的主要假设："在所有的价值观中，将 Z 文化交给其人民、工人是最重要的……美国经理们至今一直认为是技术提高生产力，而 Z 理论号召人们把注意力转向社团领域中的人际关系。"

1982 年，畅销书目中出现了另外一本书，名为《追求卓越：美国最佳经营公司的教益》。这本书实际上是一篇研究报告，报告分析了美国的 62 家企业或社团的成功经验，总结了它们共同具备的八个管理特征。报告中提出的主题贯穿在这八个特征中：在一个社团中，不是过程和控制系统而是价值观和文化的力量，能够把社团成员团结在一起，能够激励社团成员完成共同的使命，能够激发参与者的创造力和潜力。而且，这些价值观的内容一般而言是以神话、故事、传说和比喻的形式在组织之中发挥影响力，而不是用文字表述的形式表现出来并正式传递。

值得注意的是，德伦西·狄尔和肯尼迪·阿伦在 1982 年出版了《公司文化：公司生活的传说、神话》一书，正式提出并回答了组织文化的定义，即与组织成员相互作用的共享价值和信仰、组织结构、产生行为规范的控制系统。在这本书中，作者指出，"共享的价值"从其实际意义上来说就是指"什么是重要的？"信仰的意思就是"我们认为真实的是什么？"而行为规范则是指"我们在这儿怎么做事？"

由于运用组织文化思想的公司取得了明显成功，随着理论上对组织文化的研究逐步深入，"组织文化"的概念由此对管理人员和行政人员变得既有用又重要。恰恰如同彼得斯和沃特曼两人所说的，"现在，文化不仅是周围'最软的'东西，也是周围最硬的东西了。"

朱志忠、唐和平在《组织行为学》一书中指出，组织文化是组织的灵魂所在。随着经济社会的不断发展，组织文化在组织行为中的地位越来越显著，作用也越来越不容忽视。然而，究竟何为组织文化？目前无论是学术界还是管理界都没有形成一个统一的权威解释。国外学者对于组织文化的理解一般侧重于组织观念，将组织文化理解为一种组织的信念和组织的价值观，其实质是将组织文化视为一种精神资源（Bass Avolio，1994）。比如，希恩在1984年将组织文化定义为："特定组织在处理适应外部环境和内部整合过程中出现的种种问题时所发明、发现或发展起来的基本假说的规范。"威廉姆·大内在《Z理论：美国商业如何面临日本的挑战》中说："传统和气氛构成一个企业的文化，同时，文化意味着一个企业的价值观，如进取、保守或灵活，这些价值观成为企业员工活动、建议和行为的规范。管理人员以身作则，把这些规范灌输给员工并代代相传。"理查德·佩廷格认为，组织文化是组织进行活动的方式与它接纳的标准和价值的总和，它包括环绕一个组织的气候或气氛，组织内居于主导地位的态度、标准、信念、对它的感情以及一般的信誉程度。戴维·弗里切认为，组织文化是组织内一些妥善处理内部环境和外部环境的假设、信仰和价值观的集合。

无论组织文化的定义分歧如何，仅从组织文化的管理角度，至少可以把组织文化的特征归结为：①历史的、顽固的、难以改变的；②理所当然的、很少意识到的；③意义来源于组织成员；④包括一系列共有的理解。在众多的组织文化定义中，以沙因（Schein）、欧雷利（O'Reilly）和霍夫斯泰德（Hofstede）的定义受到较为广泛的认可。沙因（Schein，1990）认为："组织文化是一个给定的组织在其应对外部适应性（external adaptation）和内部一体化（internal integration）问题的过程中，创造、发现和发展的，被证明是行之有效的，并用来教育新成员正确地认识、思考和感觉上述问题的基本假定。"

随着社会的不断进步和发展，组织文化已被越来越多的学者直接描述为组织的价值观。虽然学者们对组织文化有许多不同的定义，但是从中我们仍然可以看出一些带有共性的基本特点：

（1）组织文化是一个组织中的所有成员拥有的一套价值观体系；

（2）组织文化不仅写在纸上或在培训课程中清楚地讲解，而且是被组织成员共同认可的；

（3）组织文化的核心是人的行为与人的关系，是组织中全体成员感知的、认识的价值规范，表示赞成什么、反对什么，并由此形成的成员之间的人际关系，表现为团结、理解、相互支持或游离、涣散甚至抵触。

**4. 大学组织文化**

学校组织文化概念的提出其实比组织文化理论的发展还要早。美国学者华勒在 1932 年发表的著作《教学社会学》中就已经提出了这一概念。华勒认为，学校组织文化是在学校中形成的特别文化。"这种文化一方面以不同年龄的儿童将成人文化变成简单形态或以儿童游戏团体保留成人文化；另一方面由教师设计引导学生活动而形成。"与此同时，"学校中的各种仪式是学校组织文化的组成部分"。20 世纪 80 年代，西方把"组织文化"概念正式纳入高等教育研究领域（阎光才，2002）。

伯顿·克拉克（1994）曾经指出，观察和分析一个复杂的组织可以发现，组织内部的整合主要体现在两个基本的维度上：结构性的整合与规范性的整合。结构性的整合指的是通过组织中人们或者群体间的互动联系来实现的整合，而规范性的整合指的则是由来自组织成员共享的信念、态度和价值所实现的整合。所以，后者（规范性的整合）即为组织文化的整合。作为松散结合的系统，大学内部各种价值取向并存、不同符合系统（高度分化的学科和专业）的差异和学术代沟的存在，的确在一定程度上削弱了组织的凝聚力和内在的一致性。然而，大学似乎从来没有因为内部的激烈冲突而陷入分崩离析的状态。这一现象是独特的，它表明在大学组织内部必定存在着某种特殊的文化整合机制。

对于大学这样的学术组织而言，文化的凝聚意义尤为重要。大学的文化可以理解为大学的理想、信念、目标、氛围、价值准则和行为规范，是大学在其长期的发展过程中积淀形成的。大学文化的形成基础和重要组成部分是大学的学术文化，学术文化的核心部分是用来作为教学与研究等学术活动的价值判定准则的学术理念，如"学术自由"和"大学自治"等。

首先是关于"学术自由"。大学不仅是研究高深学问的机构，也是培养高层次人才的地方。我们知道，在一所大学里，如果没有应有的学术自由，那么大学就只能培养出庸才，培养不出具备高度创造力的人才来。因此，为了确保大学能够取得成功，就必须允许"学术自由"的存在。展开来说，这种自由还不只是对学者而言，它还应当包括大学生的自由，即学习自由，其内容大致包括学生们可以选择学习什么的自由，学生们可以决定什么时间学的自由，学生们决定用什么方式怎样学的自由，要给学生们独立思考和形成思想的自由。当然，学术自由是应当有限度的，从社会的角度来说，一个社会需要给予学者和学生们宽松、民主、充分的学术空间；而从学者和学生的角度来说，学者和学生本人应当严格区分个人的理论成果与在社会中的实际应用、个人的学术追求与产生的社会效果、个人的言论与开展的行动、发现知识与对社会发展的影响等之间的相互关系，清楚其区别与联系，从而能够在不丧失其自身学术研究的自由权利与社会良心的前提下，不断增进知识的积累，促进社会的进步和发展。同样的，对学生而言的学习自由也应当是有限度的，在尊重学生的学习自由和控制学生的学习自由之间，应当把握好度，无限度的学习自由对学生而言是不现实的，会给学生本人和整个教育体系都带来严重的隐患。

既然要倡导追求真理和学术自由，就会十分自然地引出对于学术活动如何进行管理的问题。在这个问题上有两个层面，第一个层面是对学术活动的内部管理，这主要涉及的是"专家治校"。考虑到学术活动的特殊性，教授们应当在学校的教学和学术研究事务中具有相应的决定权，这样能够保证在知识和学术上占有优势的人群拥有学术权力，同时教授们还要能够广泛参与学校其他方面的事务，发表意见和建议（Hackman，1985）。这些事实比较容易让人理解。"既然高深学问需要超出一般的、甚至是神秘的知识，那么，自然只有学者能够深刻地理解它的复杂性。因而，在知识问题上，应该让专家单独解决这一领域中的问题。"第二个层面是大学本身的自治与国家和政府的控制之间的关系。大学自治的传统始于中世纪欧洲的大学，它主要来源于对学术自由的坚持，是当时大学的管理思想和制度。在那时，大学其实只是学者的行会组织，既然是行会，就要保护自己的利益和权利。为此，大学作为一个团体，对外与来自各方面的试图控制大学的势力（如教会、国家及社会）进行斗争，而在自己的内部则以共同利益为基础建立一种较为宽松、自由的环境。但是，从 19 世纪开始，随着大学的社会功能地扩展，大学开始从社会的边缘走向社会的中心，尤其是现代的大学已经发展成为一个非常庞大的社会机构，其运转依赖于强大的物质支持，依赖于国家、政府和社会的大量投入。"大学是近代社会的轴心机构"，由于处于这种状况，原先传统意义上的大学自治和学术自由已难以为继，大学的学术活动完全不受威胁和挑战、不受国家控制和干涉已经无法实现。事实上，在现今世界各国，每一国的政府都在试图通过政治、经济和法律等手段对大学实行控制和干预，区别只是在于控制和干预的方法、程度及范围各有不同而已。

**5. 组织变革**

组织变革的理论研究始于 20 世纪 70 ~ 80 年代，主要研究兴趣在于从众多组织管理的现象中分析出一组有意义的关键变量，从而形成一套分析性和解释性的组织变革理论，以解释和预测组织变革现象。

随着组织变革日益增强的世界影响力，组织变革从注重企业内部的调整，到面对企业整体的系统变革以及企业间的组织变革，都不断得以丰富和拓展。此外，在组织变革研究中，影响企业组织变革的因素、阻碍企业变革的阻力、组织变革的发展演进过程、组织变革的内容等研究内容日益复杂。由此可以看出，组织变革的概念和内涵随着技术的进步与组织外部环境的变化而不断得以拓展，与此同时，变革的思想、理论、方法、技术、结构、过程、文化等，也都随着组织变革的管理实践与相关研究的深入而不断得以丰富和深化。孟范祥等曾经指出，"按时间的先后归纳西方关于企业组织变革的概念和内涵的界定将有助于梳理组织变革理论的发展和演进过程"（孟范祥等，2008）。

在组织变革研究过程中，学者们曾经根据其自身研究的成果或者开展组织变革的经验提出了不同的组织变革的定义。

一些学者在定义组织变革时强调了组织变革的外部环境，认为组织变革实质上是因为组织经营行为与环境变化无法协调，由此而迫使组织发生的调整，即为适应环境而进行变革。这样，组织变革就可以把定义归因到组织变革的效果，包括重新适应外部环境，即透过变革，组织可以更有效率的运作，达到均衡的增长，保持合作性，并使组织适应环境的能力更具弹性。王雪莉指出："组织变革的活动是组织面对内外部环境的变化而作出的反应，使组织管理更符合组织存续和发展的目标。"她还着重强调，组织变革需要用系统思维加以指导，所谓组织变革其实可以定义为组织由此产生的实际变化（王雪莉，2003）。

学者在定义组织变革时会看重其对组织内部的影响。有的学者把组织变革看作是经由变革改进组织的政策结构，或是改变人们的态度或行为，而目的则是增进组织绩效。有的学者则更进一步明确指出，组织变革旨在增进组织效能而改变组织的结构、技术或人员。在考虑组织变革对组织内部的影响时，已经有学者注意到组织文化的影响。这些学者发现组织内部的人员行为及态度受到组织内部思维或者行为模式的影响，由此，其组织文化的改变是非常重要的。比如，李嘉图（Recardo）就强调指出，在组织变革的过程中，组织将迫使其成员采用"与以前有所不同的行为方式"，而组织变革就是为此所作的策略调整或计划（Recardo，1991）。

综合上述学者的意见可以看出，大部分学者在研究组织变革时，既赞同对组织变革外部因素的分析，同时也强调其对组织内部的影响，即组织变革不仅是因为组织与环境变化无法协调，而且由于组织不可能像以往那样按照惯性处理问题，也就不能像以前那样持续扩张，由此，组织实际上已经难以生存。所以，组织就必须从组织内部开展变革，在组织结构上进行重大调整，调整的范围将包括"组织使命、目标和企业文化的变革"。从这些研究往外延伸，斯特雷贝尔（Strebel）等人提出，组织变革需要同时面对外部动力和内部阻力两股力量，而两股力量的对抗和均衡构成了组织变革的过程（Katz，1966）。

除上述研究，查理·希尔和格瑞斯·琼斯（Charles and Garet，2001）在研究组织变革时，着重考察的是组织变革的流程，他们把组织变革的流程理解为改造、流程重组和创新三种活动。当然，组织变革的目的是让企业从目前的状态通过这一流程转换成未来理想的状态，从而能够增加其竞争优势。

综上，我们可以认为："组织变革"是指"运用行为科学和相关管理方法，对组织的权利结构、组织规模、沟通渠道、角色设定、组织与其他组织之间的关系，以及对组织成员的观念、态度和行为，成员之间的合作精神等进行有目的的、系统的调整和革新，以适应组织所处的内外环境、技术特征和组织任务等方面的变化，从而提高组织效能"。

## 第二节　大学组织文化和组织变革亟待研究

百年大计，教育为本。要实现全面建设小康社会和中华民族伟大复兴的宏伟目标，必须坚持实施科教兴国战略和人才强国战略，把教育摆在现代化建设优先发展的战略地位。高等教育是国民教育中的一个重要组成部分，大学组织文化和组织变革研究对于我国高等教育的改革和发展具有十分重要的理论意义与实践意义。

## 一　研究大学组织文化和组织变革的理论意义

本书在研究思路设计上，从现代组织理论视角出发，以社会学、文化学和教育哲学的相关理论为基础，融合组织理论其他学派的观点，构建了大学组织文化的基本描述框架，系统研究大学组织文化和组织变革的相互影响。本书以清华大学和麻省理工学院为例，从精神层、器物层和价值层三个方面对西方大学的组织文化与国内大学的组织文化进行深入分析。通过研究，力图弥补目前我国在高等教育与管理研究中针对具体院校的组织文化开展比较研究较为稀少的缺憾，而这也将有利于对中国大学的组织文化和组织变革问题展开新的探索。

在研究方法上，本书采用对比分析与量化研究方法相结合、社会学研究方法与心理学研究技术相结合，力图设计出能够较好体现中国特色的大学组织文化构成与评价指标体系，在研究方法上实现创新。

## 二　研究大学组织文化和组织变革的实践意义

中国大学的内外环境正经历着前所未有的剧烈变化，全球化背景下急剧竞争的外部环境与急于改变落后计划管理模式的内部环境共同作用，对我国大学的未来发展提出了极其迫切的现实需求。本书立足于实践，试图通过对中外大学组织文化和组织变革过程的比较，提出符合中国国情的大学组织文化建设和组织变革发展的对策与建议。

### 1. 立足中国大学自身建设的需要，为提升大学管理水平提供依据

从大学漫长的历史发展过程和现代科学管理演变的历史来看，大学组织文化是提升大学管理水平、优化大学自身建设的关键。管理从最早的经验管理、科学管理到行为管理，最后逐步演变到现在的文化管理，

其本质是从原来的强调规章制度的刚性管理逐步向以人为中心的柔性管理进化。大学是一个知识密集型的组织，最适宜实行柔性管理，而恰恰相反的是，当前中国大学的管理则带有强烈的行政色彩，官本位倾向影响着学术的发展。

当前，在大学文化和大学管理科学之间明显存在着较大的脱节。组织文化作为一种有意识的管理活动，强调管理以人为中心，充分尊重教职员工的价值，重视人的需求的多样性，特别注重人际关系的和谐、团队精神和协作意识的培养，运用共同的价值观和信念，积极进取的精神等文化观念，使管理从技术上升为艺术。组织文化能够促使大学在各项基础管理工作，如大学的组织机构、各项规章制度和管理过程中的各种分析评价手段与方法等较为先进完善的基础上，形成一种最有效的大学管理模式。因此，建设具有中国特色的大学组织文化，是推进和提高中国大学管理水平最有效的手段，是加快中国大学改革发展的重要途径（李福杰，2006）。

**2. 着眼国际高等教育发展的趋势，为中国建设世界一流大学提供支持**

当前，国际高等教育呈现大众化、多样化和国际化的特点，高等教育规模快速增长，形式日益复杂，交流日趋频繁。经济全球化下的WTO 教育服务贸易，促进了国际高等教育资源的交流与共享；终身教育、终身学习的学习型社会理念，使得教育选择呈现多次性和个性化的特点；新信息技术革命（NICT）催生弹性学习制度，不断革新教育手段（Wright，2001）。如此种种，都给中国大学的变革与发展带来了巨大的外部压力。

中国要建设世界一流大学，首先要塑造世界一流的大学文化，形成浓缩中华文明优良传统的大学精神。1998 年，江泽民在庆祝北京大学建校 100 周年大会上的讲话中指出："为了实现现代化，我国要有若干所具有世界先进水平的一流大学。"2011 年，胡锦涛在庆祝清华大学建校 100 周年大会上的讲话中指出："高等教育是优秀文化传承的重要载体和思想文化创新的重要源泉。要积极发挥文化育人作用，加强社会主义核心价值体系建设，掌握前人积累的文化成果，扬弃旧义，创立新知，并传播到社会、延续至后代，不断培育崇尚科学、追求真理的思想观念，推动社会主义先进文化建设。"这其中，优秀的大学组织文化是建设高水平一流大学的关键——只有具备深厚人文底蕴、先进管理机制、杰出人才培养、雄厚科研实力的大学才能被称为一流大学，而这些，恰恰都是大学组织文化的研究对象，也是本书着重探讨的内容（任剑涛，2007）。

**3. 服务全面建设小康社会的要求，为我国高等教育变革与发展提供参考**

近年来，在党中央、国务院的正确领导下，我国先后出台了《中国教育改革和发展纲要》《全国教育事业"九五"计划和 2010 年发展规划》《面向 21 世纪教育振兴行动计划》等一系列重要纲领性文件，推动教育事业实现了跨越式发展，教育改革取得了突破性进展，国民受教育程度逐步提高。但是，教育面临的挑战依然十分严峻，整体水平离实现全面建设小康社会目标还有很大差距。

大学组织文化建设，是从理念与价值的角度进行的大学变革，具有根本性的改革意义。优化中国大学组织文化建设是坚持教育为人民服务的宗旨，办好让人民满意的教育的重要保证；是努力实现党的十七大提出的历史性任务，构建中国特色社会主义现代化教育体系，建立全民学习、终身学习的学习型社会的重要基础；是培养高素质劳动者、专门人才和拔尖创新人才，为现代化建设提供更大的智力支持和知识贡献的内在动力（胡琳琳，2006）。

**4. 顺应大学文化辐射与社会化服务功能的要求，为构建和谐社会提供精神源泉**

组织文化建设是构建和谐社会与和谐校园的有效手段之一。大学文化，作为弥漫在大学校园内的一种精神环境和文化氛围，通过先进的观念文化建设、完善的制度文化建设、高效有序的管理文化建设以及内容丰富的物质文化建设，把德育与智育、体育、美育有机结合起来，寓教育于文化活动之中，促进大学生思想道德素质、科学文化素质和身体素质全面协调发展，为大学生的个性发展提供最大的空间，促进大学生创新潜能的充分发展，是大学生创新素质培养的重要载体和构建和谐校园的根本保证。

与此同时，大学既是传播先进文化的阵地，又是先进文化的示范区和辐射源。大学文化作为社会主义先进文化的重要组成部分，是全社会的共同信念。现代大学必须为国家服务，必须为推动先进文化做贡献，应该始终走在先进文化前列。大学对人才的培养包括技术与精神两个层面。通过对人的熏陶、对优秀文化传统的传承与弘扬、对社会的理性批判，使大学文化从个人走向社会，并对社会文化产生深刻影响。因此，大学组织文化的优化对引领先进文化与构建和谐社会的发展具有十分重要的作用。

# 第三节　本书的研究基础和研究方法

本书以组织理论为理论基础，主要借鉴了沙因（Edgar H. Schein）的组织文化层次分类，汉迪关于学校组织的四种文化模式，伯格奎斯特关于学术机构的四种文化模式分类、组织变革理论等，并以此为基础开展研究，提出相应的具有一定适应性的理论假设，分析比较清华大学和麻省理工学院的组织文化及其变革的特点，从而提出中国研究型大学组织文化变革和建设的意见建议。

## 一　研究基础

### 1. 借鉴组织理论和组织文化的现有范式

（1）利维特组织系统

现代组织理论的发展经历了漫长的过程，许多学者对于组织的构成要素进行了深入的探讨与争论（Robbins，1995），最后逐渐统一于利维特（Harold J. Leavitt）20 世纪 60 年代提出的"钻石—组织"模型（见

图 1 - 1）。他使用人、结构、技术和任务四个变量来描述技术对于组织的影响。利维特认为这些变量之间有强烈的依存关系（Leavitt William and Henry，1973），例如，当组织使用信息技术后，对于组织中的结构将产生影响，并且它把工作人员从繁重的重复性工作中解脱出来，投身到更有意义的工作中，从而提高了工作效率。在这种观点的基础上，经过一些学者的研究，逐渐形成了组织系统的理论。根据利维特"钻石—组织"模型，一个组织需要具备以下四个要素：

——社会结构：指组织参与者关系的模式化和规范化，包括价值观、规章制度、角色期待、权力结构和人际关系结构。

——参与者：指那些出于各种原因而为组织做出贡献的个体，包括组织的正式成员及其他利益相关者（客户有时被视为参与者）。

——技术：利用物质化的（如机器设备）和非物质化的（如参与者的知识和技能）手段将组织的输入转化为输出的机制。

——组织目标：参与者力图通过其行为和活动而达成的特定目的，组织的目标可以是多重的（如医院、大学）。

以上四个要素，也是影响组织文化形成的几个关键性因素（Friedlander，1974）。

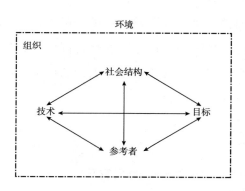

**图 1 - 1　利维特组织系统模型**

（2）沙因的组织文化理论

1990 年，沙因在他的名著《组织文化与领导》（*Organizational*

*Culture and Leadership*）一书中，将组织文化定义为："一种基本假设的模型——由特定群体文化在处理外部适应与内部聚合问题的过程中发明、发现或发展出来的——由于运作效果好而被认可，并传授给组织新成员以作为理解、思考和感受相关问题的正确方式"（Schein，1990）。

1996年，在更新的一本书中，沙因又将组织文化定义为："一系列的内隐假设，有关一群人如何分享和决定他们的认知、思想、情感和公开行为；借由组织成员的共享历史和期望，以及他们之间的社会互动而形成。"

沙因（Schein，1990）承认，即便进行更为严谨深入的研究，我们也只能就组织文化的某些成分得出一些结论，我们不可能理解组织文化的全部。就如何了解和把握组织文化，沙因推荐了如下方法：类似于心理医生对待心理病人的重复的和临床的方法。值得一说的是，沙因的这种组织文化的研究手段迥异于那些管理杂志所鼓吹的各种时髦方法。

根据沙因的观点，如果我们不能够将组织文化作为应对变革的首要资源的话，所谓的组织学习、组织发展与有规划的变革等将无从谈起。而且，如果管理者对自己的组织文化无意识的话，他们将被动地为文化所左右。文化最好能够为组织的每一位成员所理解，但是，对组织领导者来说，理解自己的组织文化则是必需的。

通过对组织文化要素三个层次的划分，沙因对什么是组织文化做出了精辟的解释（Schein，1990）。

组织文化中的第一个层次是"人造品"。组织文化的最高层次或者说组织文化的最外层是人造品和创造物。"人造品"构成了我们的物质和社会环境。在这一层次中组织成员可以看到物理空间、组织和群体输出的技术、各种书面的和口头的艺术作品、语言以及组织成员的公开行为。

组织文化中的第二层次是"价值"。从某种意义上来说，各种知识和文化都反映了相应人群的基本价值，反映了相应人群对于和"是什么"相互区别的"应当是什么"的不同理解。而当一个组织或者群体面对不同的新任务、新争论和新问题时，组织成员首先需要提出来解决的是价值的地位问题，其原因是此时还没有决定"什么是事实和真实"的共同基础。在组织和群体中的某个组织成员，一般而言是组织的缔造者或者领导者，他对于如何处理组织和群体所面临的问题具有确信性的意见，这时他就会依据这种意见提出解决的办法。当然，作为这个组织成员个体来说，他可能已经确信，他所提出的解决办法应当是基于事实基础上的信念和原则，但毫无疑问对于组织和群体来说，往往只有问题真正得以解决时，组织和群体内的其他成员才会确信。

组织文化中的第三个层次是"基本的潜在假设"，它是组织文化的最内层或者说核心层。当一个组织和群体，解决问题的方法已经被反复运用后，组织和群体就会将其视为理所当然。如前文所述，在开始时仅是被一种价值所认同和支持的假设，到后来逐渐被当成是真实的，组织内的成员也逐渐相信事物的规律本来就应该是如此的。当然，某种意义上说，"基本的潜在假设"与人类学家所提到的"占统治地位的价值"是不同的。沙因曾经指出，所谓"基本的潜在假设"，其"潜在"是指它已经被组织和群体完全接受，牢固掌握，在一个组织和群体中不会被动摇。人类学家所提到的"占统治地位的价值"所反映的，仍然是在若干基本的选择中，成员所愿意接受的各种解决方案，在文化中这些选择仍然是可见的和可变动的。

（3）影响组织文化形成的因素研究

许多学者对组织文化进行了各个层面的深入研究。由于组织文化的研究对管理决策产生了重大影响，荷兰学者霍夫斯泰德（Hofstede，1984）的观点被广泛接受。他提出，文化有四个方面会影响管理活动或者管理决策模式，这四个方面分别是个人主义和集体主义、权利差距、不确定性规避、价值观的男性维度和女性维度。

个人主义和集体主义　其实是指不同社会对集体主义的态度不同，由此会对管理决策产生影响。比如，在集体主义占优势的国家或者社会中，个人往往必须考虑他人的利益，组织在组织成员面前享有精神上的义务和忠诚。但是在个人主义占优势的国家或者社会中，由于个人不必考虑他人利益而只需要顾及其自身利益，因此个人选择自己的行为时相对自由。

个人主义和集体主义对管理决策方式的影响，在这一层面上表现的差异就是：在集体主义占优势的公司，管理者在决策时会经常鼓励员工参与决策，由此决策完成的时间会较长，但是决策的执行和贯彻会较为迅速，因为大多数员工参与了决策过程，清楚明了决策的目的和内容；在个人主义占优势的公司里，管理者往往独立开展决策，因此决策完成时间迅速，但需要花费较多时间来向员工解释、说明决策的目的和内容，由此决策执行和贯彻的时间较长。

权利差距　主要是指集权程度、领导权和决策权之间的关联。在权利差距相对较高的组织中，地位较低的下属常常趋向于依赖其领导人，由此，管理者往往采用集权化决策方式，即由管理者来做决策，下属的主要任务是接受并执行。而在权利差距相对较低的组织中，管理者与下属之间在领导权和决策权上的差距较小，在管理过程中，下属可以广泛地参与影响工作的决策。

不确定性规避　主要是指一个具体的组织面对风险时的基本态度。在一个不确定性规避倾向较高的组织中，组织趋向于建立更多的工作条例、规范或者流程来应付不确定性，管理也是以完成确定的工作和任务为主，管理者的决策大多数是程序化决策。而在一个不确定性规避倾向较弱的组织中，组织的工作条例、流程规范和标准化的程度都比较低，组织的控制作用很少被强调。

价值观的男性维度和女性维度　其实是指男性与女性在取向上所处的两个不同维度，这一特征往往在一定程度上会影响管理者的决策方式。换言之，公司、企业和社团在决策方式上的差异，其实从根本上来说，可以用多维且相互作用的、不同的文化尺度来加以解释。

**2. 借鉴组织文化模式研究的范式**

大学组织文化模式的研究在早期并不是一个独立的领域，它是伴随组织理论的发展而兴盛起来的，并 20 世纪 90 年代，成为一个相对活跃的研究领域。概括而言，人们所从事的大学组织文化模式研究主要有两个向度：一是旨在研究作为组织的大学与其他类组织，如经济、军事和政治等组织，比较在文化个性上有何不同；二是鉴于现实中不同大学组织各自表现出的独特个性和风格，成为组织稳定发展和不可或缺的潜在资源。故此，人们对组织运作中的文化整合和创新功能表现出了极其浓厚的兴趣。阎光才在《识读大学——组织文化的视角》（2001）中，对这两种组织文化模式进行了详细描述和评论，颇有见地。

（1）汉迪关于学校组织的四种文化模式

**权力文化模式（宙斯）**　在权力文化模式中存在一个核心人物，他不仅位居权力的中心，而且也是受人们尊崇和拥戴的偶像，甚至是带有传奇色彩的"英雄"人物。他在组织中既位高权重，又充当了价值权威的角色。由此，组织中这一特殊人物的价值取向和观念，往往成为组织的核心价值。该类模式的组织具有高度整合的特征，组织中的其他成员紧紧环绕在中心人物的周围，因此呈现同心圆式的网状结构。该特征的组织运作主要取决于权力支配者的意愿。

**角色文化模式（阿波罗）**　具有角色文化模式特征的组织，带有强烈的工具理性色彩。因此，如果说组织中存在某种核心价值，或许用理性主义来概括最为恰当（当然是指韦伯的工具理性而并非价值理性）。它强调秩序以及建立维护秩序的程序、规章制度和等级。由此，在组织中重要的不是表现丰富的个性色彩，而是在组织中如何根据其所处的不同等级，表现出不同角色所应有的行为。在这个模式的组织中，角色、职责和工作的清晰界定是第一位的，超出角色规定和职责范围的行为，即使为组织带来绩效也不会受到鼓励。

**任务文化模式（雅典娜）**　具有任务文化模式特征的组织，有些类似于东方文化的特征，它重点强调要发挥集体中的团队合作精神，同时要充分重视其个体成员在集体中如何发挥作用。它类似于我们通常所提到的目标管理和全面质量管理，组织运作的核心是工作任务和目标的确定，在此基础之上细化任务和目标并安排人员。在完成任务的过程中，等级和权力等因素并不具有强大的影响力，而一切应围绕工作本身，凡有利于目标实现的人员安排、工作计划、合理化建议与主张等都会引起重视。组织成员间地位平等、关系和谐、责任共担、利益共享。应该说，任务文化模式组织的核心价值是民主思想与效率意识，它强调集体参与，注重个人潜能和热情的全面释放，但必须以完成组织任务为基础。

人的文化模式（狄俄尼索斯）　　在古希腊神话中，狄俄尼索斯被视为人类的保护神，因为他司酿酒和种植葡萄，又被称为酒神。尼采曾用酒神来寓意人的自然主义激情，因此，酒神精神也常常被作为人类摆脱各种禁忌、获得人性自由、张扬自我的一种象征。在此，用狄俄尼索斯作为组织文化模式的象征，显然其意表明人在组织中至高无上的地位。具有人的文化模式特征的组织，把组织中的每一个个体的存在和发展作为内部所有活动的出发点。由此，在组织和人的优先级中，人应当高于组织，组织及其结构要为人服务，而人则不应该是组织的依附物、实现组织目标的具体工具。组织的决策是在寻求相互协调并达成一致的过程中进行的，人员选用和安排应唯才是举，以每一个个体潜能得到最大限度的发挥为目的。

以上对汉迪关于学校组织的四种文化模式进行了基本的表述和概括。需要说明的是，四种模式虽然反映了现实中存在的组织的基本特征，但它是理论化、理想化的范型，如果以此来按图索骥、对号入座往往会不得要领。事实上，在现实中的任何大学组织中，这四种文化模式的特征往往都不同程度地有所体现，只是在某些方面表现的突出而已。

此外，汉迪试图把文化概念引入组织理论，但正如有人所批评的："我不认为汉迪的模式就是文化……它看起来与管理理论很匹配，并提供了概括组织结构特征的有用方式。但是，它没有说明，特定学校是由什么构成的……也没有阐述，文化到底是什么。"的确，汉迪的组织文化模式更像是组织模式或者是管理模式。有人批评汉迪的组织文化模式，指出汉迪在组织文化的分析和理解方面其实只停留在了表层，其组织文化模式是比较肤浅的，没有能够赋予其更深层次的文化内涵，所以汉迪的四种组织文化模式无法说明各自所代表的现实含义，也无法揭示在复杂的组织结构背后，文化因素对组织变迁和整合的意义。当然，尽管汉迪的四种组织文化模式有其缺陷，但毕竟为我们分析大学的组织文化模式提供了一个有效的基本框架。

（2）伯格奎斯特关于学术机构的四种文化模式

威廉姆·H.伯格奎斯特是美国学者，他曾经撰写了《学术机构的四种文化——改善学院组织领导权的认识和策略》一书。在这本书中，威廉姆·H.伯格奎斯特结合组织理论，采用大量的案例分析，加上他个人在学术机构工作的经验和感受，提出了一系列的观点，并构建了学术机构的四种文化模式。伯格奎斯特发现，学术机构往往是最不愿意变化和改革的机构，而这恰恰是其组织文化发挥了关键性作用。由此，"我们所能被要求做的不是去改变或者模塑一种能够满足我们需要的文化，而是去适应文化并利用现存组织文化的资源和力量来实现我们的目标"。在对美国高等院校进行大致梳理的基础上，他认为，美国大学的组织文化基本表现为四种模式：学院文化、管理文化、发展文化和协商文化（周兆透，2007）。

学院文化（collegial culture）　伯格奎斯特提出的学院文化是一种由学者所主导的文化，又被称为"松散结合"的文化模式（林杰，2006，2007，2008）。从历史上看，学院文化实质上来源于两种历史悠久的学院传统，也就是在大学发展史上曾经发挥了重要作用的英国大学传统和德国大学传统。英国大学传统也可以称为牛桥（牛津和剑桥）模式或英国模式，这一模式强调的是大学要培养社会精英，因此在教育原则上重视自由教育。在教学与研究之间，牛桥模式更重视前者，注重通过教学塑造人的精神和灵魂，而不是带有任何外在目的，更不能以提高人的谋生技能和手段作为办学宗旨。"教师被要求介入学生大学生活的方方面面，在完全的自由教育中促进人的身心和精神的全面发展。"

英国式的自由教育几乎是精英教育的同义语，这种相对封闭的、把学历作为人在社会中地位尊贵之象征和标志的大学教育，凸现了强烈的内适性特征。因此，大学的学者自治、学者当家也是合乎逻辑的结果。德国大学传统或者称作德国模式，其历史渊源来自洪堡对德国大学的塑造。德国模式与英国模式相比有很大的不同，德国模式更重视研究，在大学中要保证洪堡所倡导的教学与研究自由，或者说"学术自由"，唯有如此才能够不断拓宽知识的领域。德国传统大学里，大学教师在精神上和工作上拥有极大的独立性，唯有如此才能保证其学术研究的深入（周义，2005）。总体而言，英国模式和德国模式中，其共同特点是学者始终占据大学的主导地位，管理人员的权力受到极大的限制，管理人员很少能够左右学校的决策过程。当然，"即使某些管理人员为人推崇，也是因为他们的学术记录和个人品性，而不是因为他们特殊的管理技能"。

管理文化（managerial culture）　伯格奎斯特认为，在美国，具有典型的管理文化模式特征的学校是早期的天主教学院（大学），与新教学术机构办学宗旨——为学生提供向上流动的机会不同，天主教学院（大学）的服务宗旨主要是为学生提供就业准备和改善其经济状况。由于多数天主教学院（大学）由天主教会控制，所以除了从教会处获得资助以外，它们几乎没有其他可靠的经费来源。拮据的财政以及所面对的教育对象大多是亟待获得谋生手段的贫穷家庭子女，这就要求大学不得不调整办学思路，来维持组织正常而有效的运作。学院文化之于它们无疑是一种奢侈，对自由教育和高深研究更不敢问津，因为摆脱生存的窘境才是它们迫切需要解决的问题。在这种情势之下，天主教学院（大学）逐步建立起一种高度科层化和权力集中的组织制度。其基本特征是树立职位权威、规范运作程序、实行严格的财政控制、建立森严的等级制度，这些特征在大学运行中将能够提高有限资源的利用效率，从而保证教学活动得以平稳进行。这些天主教学院（大学）的管理文化接近汉迪的角色文化模式，因此虽然有其无法克服的弱点，但在特定的条件下，它无疑又是最为理想的。20 世纪初，美国大量的社区学院也基本上借鉴了管理文化模式；甚至 60 年代以后，随着联邦、州政府财政紧缩政策的出台，面对经费紧张以及学校规模日益庞大的现实，一些研究型大学也开始凸现其管理文化的特征。正如克拉克·科尔（1993）在谈到巨型多元化大学管理的复杂性时所指出的："无论在什么地方，行政管理（通过环境力量而不是通过选择）已成为大学的一个更为显著的特征，这是普遍规律。由于机构变大了，所以行政管理作为一种特殊的职能变得更为程序化了；由于机构变得更为复杂，行政管理的作用在促使大学整体化方面变得更加重要了；由于学校同外部世界的关系更密切了，行政管理就要接受这些关系所带来的负担。在大学，管理上的革命仍在继续着。"

协商文化（negotiating culture）　学院文化主导的大学要么以教学为主，其价值取向是人的精神和灵魂塑造，而忽略了人的职业发展需要，要么偏重于研究，而以牺牲本科生的教育为代价；管理文化针对学院的松散而强调规范化和整体化，以为学生提供职业准备教育和提高组织运作效率为办学宗旨，但刻板的管理制度又约束了人的自由发展。因此，这两种文化各存优劣，且相互间冲突不断。而正是这两种文化间的缝隙存在，为另外两种文化的孕育提供了土壤，这就是协商文化和发展文化。20 世纪 60 年代以后，鉴于美国各大学中管理人员群体日益庞大，官僚化体系逐步形成，行政权力在大学内部各领域全面渗透和加强（Corson，1960），作为个体的教师愈来愈感到自己势单力孤，为此，在许多大学校园中，普遍出现了一个旨在维护和争取自身利益的集体性交涉现象。伯格奎斯特把这种教师间自愿联合而形成的诸种利益性或非利益性的准政治团体的现象，称为协商文化。无疑，协商文化多出现在那些以教学为主、管理文化特征相对突出的大学或学院中。而在研究实力强大的传统大学中，因不满于传统学者权威的集体性交涉也时有发生。

发展文化（developmental culture）　伯格奎斯特在文中指出："对于一个人既可以受益于学院文化，也可以同时受益于管理文化，因为两者的结合将会对组织本身的活力以及组织成员产生积极的影响。因此，似乎两者可以合二为一。其间的裂隙则由发展文化来弥补。"伯格奎斯特指出，在大学组织发展文化的过程中，有三种价值取向是根深蒂固的，即教与学，组织的任务和目标，个人和组织的动力。由发展文化所主导的，大学进行组织整合的基础是学校发展方向，包括具体目标的定位。与教师的发展相比较，发展文化更关注学生的成长。从发展文化来看，由于大学政策导向上倾向于教学，因此，学术人员把主要的时间和精力用于与教学有关的活动中，而并未承受太多学术研究方面的压力，这也使得教学质量和水平得到了保证。以高水平的本科生教育见长，从而为研究型大学提供了大量优秀人才的美国部分传统的文理学院和大学，便带有发展文化的特征。

（3）两种分类体系的讨论和分析

两种分类体系各有其特点，汉迪的分类着重于组织的要素分析，他把组织作为一个系统，通过分析权力、任务、角色和人等要素在结构化的组织中所具有的不同地位和作用来理解组织的价值倾向性，从而揭示出各自相对稳定的文化个性和文化特质。而伯格奎斯特的分析则侧重于组织具体的运作过程和运作机理，根据组织在动态运作过程中所表现出的基本特征来确认不同组织的文化模式类型。当然，对大学组织模式的划分远不止这两个角度或维度，例如：罗伯特·布林鲍曼从大学内部权力性质的角度将大学组织文化划分为学院式机构、官僚化机构、政治性机构和无政府主义机构四种类型；鲍曼和迪尔则认为，根据不同大学的结构特征可将大学组织文化划分为结构性框架、人力资源框架、政治性框架和象征性框架四种类型；舒尔·多普森和伊安·莫克内则将大学的组织文化模式归纳为学院模式、企业模式、团队模式和官僚化模式四种类型。

此外，伯顿·克拉克还从国际比较的角度，将大学组织划分为美国模式、英国模式、欧洲大陆模式和日本模式等。尽管他分析的是学术权力的表现形式，并没有刻意从文化性的角度来分析各种模式的具体特征，但他的划分类型本身或多或少反映了不同区域和不同民族间的文化差异，因而对分析不同国家大学组织文化模式提供了非常有益的启示。

**3. 借鉴组织变革的现有成果**

（1）勒温（Lewin）组织变革模型

勒温（Lewin，1951）组织变革模型是最具影响力的经典的组织变革模型。1951年，库尔特·勒温提出了"解冻—变革—再冻结"有计划开展组织变革的模型。这个模型的核心意义是，将变革看作是对组织平衡状态的一种打破。这个模型可以用来解释组织变革的发生和发展，也可以用来指导组织变革过程中的相关管理问题，以此稳定组织变革的过程。勒温的组织变革模型也被称为"力场"变革模型（见图1-2）。

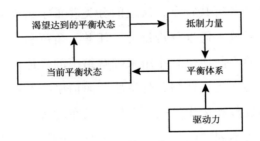

**图1-2　勒温（Lewin）变革模型**

根据勒温的组织变革模型，组织实际上是一个稳定状态和不稳定状态之间的转换体。在组织中，存在让组织不稳定的力量，也就是变革的压力，这些压力既包括外部环境变化如面对强大竞争对手等，也包括内部环境变化如采用新型工艺或者新型技术等。在组织中，也存在让组织保持在稳定状态中的力量，比如法律制度、固化的思维方式、单一的组织文化等。让组织保持稳定的力量和让组织不稳定的力量同时存在，当两种力量处于均势时，组织处于稳定状态；当两种力量处于不平衡状态时，组织变革就发生了。

勒温的组织变革模型事实上已成为组织变革理论的基础。勒温组织变革模型的经典之处在于，他提出了组织的平衡态到过渡态再到平衡态这三种状态的转换。此后的组织变革模型无一例外，都是在此基础上进一步加以拓展。

（2）科特（Kotter）组织变革模型

科特（Kotter，1995）是组织变革管理方面的专家，1995年，他在其著作《变革》中提出，如果组织变革要想取得成功，那么组织在开始进行变革前要进行充分的准备。从组织的高层管理部门到组织的基层成员，需要共同为组织变革而努力。在组织变革过程中，有些问题需要得到特别的注意，例如：要激发组织成员对开展组织变革的紧迫感；设立专门的领导小组来具体负责组织变革的工作；在开展组织变革前先建立明确、有边界的变革目标和清晰的变革思路；对组织成员进行有效培训，讲清组织变革的必要性；通过短期计划的成功激励组织成员；在组织开始变革之后及时加以总结等。

科特根据自身对组织变革的理解和实践，提出了科特组织变革模型。在该模型中，组织变革被分解成以下八个流程：

A. 建立急迫感；

B. 设立领导小组；

C. 设定目标与战略；

D. 设定培训沟通变革意图；

E. 鼓励成员为变革目标而努力；

F. 详细制订计划并取得阶段性成果；

G. 巩固并持续推动组织的变革；

H. 总结提炼组织文化，建立新的组织架构、制度和行为模式。

科特通过研究发现，若要变革取得成功，必须要有良好的领导。当然，管理部门的努力也是不可缺少的。

（3）沙因适应循环模型

沙因（Schein，1987）提出组织变革是一个适应循环的过程，由此组织变革可以被分为以下六个主要步骤：

A. 分析和掌握组织内外部环境中的变化；

B. 提供确切信息给组织中的有关部门以推动变革；

C. 根据信息调整组织内部的创造、生产和制造过程；

D. 密切注意并采取措施监控变革带来的负面影响；

E. 完成组织变革后的新型产品；

F. 建立反馈和调节机制来评估变革效果。

综上所述，组织理论和组织文化的现有范式、组织文化模式研究的相关范式和组织变革的相关研究成果构成了本书的重要理论基础。

## 二　研究方法

在研究方法上，本书采用理论研究与实证研究相结合的方法。

### 1. 比较研究方法

本书采用横向比较案例研究的方法，选择和控制若干个有代表性的案例，进行不同案例间的加控比较。这是一种全方位且多角度的观察比较方法。从内容上看，既有理念层面的阐释论证，也有重视制度层面的列举分析；从深度上看，既要有微观的特写式写照，更要有侧重宏观的全景式审视；从方法上看，既有求同法，又有求异法，二者不可偏废。在研究中国大学组织文化模式时，我们既对清华大学进行了深入的个案研究，也适当选取其他学校的相关内容进行比较，还对国内外大学进行一定程度的比较分析。

### 2. 文本分析研究方法

本书论证的是中外大学组织文化，笔者选用更多的是一些理论依据和文献资料。理论依据主要是国内外理论界在大学组织文化等方面的一些既定研究成果及其理论观点，文献资料则主要为我国和西方主要大学在组织文化建设方面的相关内容，尤其是本书所选用的清华大学和麻省理工学院等个案所涉及的大量历史史料，都是本书立论的重要基础。

**3. 案例剖析方法**

本书除了选用清华大学和麻省理工学院等高校作为个案外，在书中还介绍和分析了一些国内外其他大学如锡拉丘兹大学等案例（Donald，1999），以支撑本书的立论，争取做到以理论为根据，以事实为准绳，力争体现具体管理规律和运行规则，给我国建设世界一流大学的启示。

**4. 问卷调查和定量分析**

这一方法主要借鉴了量表设计和问卷调查方法。研究中，我们借鉴以往文化研究的成果，分析并比较有关的量表和评测工具，力图以较为直观、易于比较的研究手段作为我们分析组织文化的工具。对清华大学和麻省理工学院等高校进行问卷调查，力图以数学方法处理文化问题，以此说明大学的组织文化现象和组织文化特征。

**5. 实地研究方法**

2010 年 1 月至 2010 年 7 月，笔者赴美国学习，这期间两次前往哈佛大学、麻省理工学院等一流大学参观学习，并与相当数量的麻省理工学院的教师与学生，包括清华大学前往麻省理工学院学习的留学生进行交流，调查了解麻省理工学院的相关情况，获取了大量宝贵的一手资料，为本书的写作打下了良好的基础。

# 第四节　本书框架和各章节研究内容

本书的主要内容为：在组织理论基础研究上，从多个层面详细描述清华大学和麻省理工学院在大学组织文化与组织变革过程中的共同点、不同点、各自的独特之处，分析大学组织文化和组织变革的相互关系，讨论研究型大学组织变革的基本特点，据此提出优化中国大学组织文化的意见和建议。

在内容的设计上，本书既有描述性的部分，表达出"是什么"；又有分析性的部分，表达出"为什么"；还有对策性的部分，表达出"怎么办"。全文体现出较强的创新性和应用研究的特点，是立足实际的一项针对性研究。

本书由八个章节构成。

第一章说明本书的研究背景和意义，勾画出大学组织文化和组织变革研究的基本框架。

第二章对本书所涉及的组织文化理论进行综述，为后续对研究型大学组织文化研究打下基础。

第三章讨论清华大学和麻省理工学院组织文化的标志性特征。大学组织常常利用组织文化的一些基本表征，如组织传奇（神话与故事）、象征及仪式等来强调组织的核心价值。比如，清华大学和麻省理工学院都有各自的校徽、校训和办学使命等文字或图像；清华大学和麻省理工学院都曾经聘任过著名教授来校任教，也都留下了不少经典故事；从反面来说，几年前清华大学的学生用硫酸泼熊的事件，麻省理工学院的斯科特·克鲁格酒精中毒事件①，也都在各自国家成为头条新闻。通过对清华大学和部分美国大学中组织传奇、象征及仪式等的案例研究和具体描述，力争反映出不同组织文化间的差异。

第四章讨论清华大学和麻省理工学院组织文化的制度化因素。清华大学与美国的大学之间、美国私立大学与公立大学之间，其权力来源与组织结构、不同人群在组织中的地位与角色等文化内涵是不同的，而这些不同应当说很多源于制度化的因素。在清华大学的历史资料中，可以找到不少 20 世纪 20~40 年代清华大学管理制度与发展轨迹的记录和回忆，最近出版的《蒋南翔传》等对 20 世纪 50 年代以后清华大学的管理和发展也有较多的描写。清华大学教育科学研究所近年来翻译了美国麻省理工学院院长报告（1929~2004 年），同样对麻省理工学院的发展轨迹给出了清晰的描画。通过对清华大学和麻省理工学院不同制度的比较分析和案例研究，能够反映出组织文化间发生差异的重要原因。

---

① 斯科特·克鲁格，麻省理工学院学生，1998 年因酗酒身亡。

第五章讨论清华大学和麻省理工学院组织文化的价值传统。中美两国的历史传统非常不同，因此两国的大学在建立之初其价值传统就有相当的差异。随着大学的发展，当初的价值传统有些内容得以流传至今，但也有些内容面临考验甚至经历过巨大转变。当今大学都面临国际化和多样性的挑战，但价值传统的不同之处仍然带来了组织文化的巨大差异。众所周知，清华大学在新中国成立前后经历了重要的价值观和办学传统的调整，麻省理工学院虽然没有经历过如此剧烈的价值传统变革，但麻省理工学院和哈佛大学也曾经历过六次吞并与反吞并的斗争，经历过基础研究和技术应用的争论，二战前后康普顿校长期间经历过与联邦政府关系的重大变化等。本章将追溯和讨论清华大学和麻省理工学院的价值传统的演变。

第六章试图引入组织文化分析的一般量化工具，系统分析和比较两所大学的组织文化，开展大学组织文化的量化研究。通过对清华大学与麻省理工学院的组织文化开展问卷调查，力图站在中国与外国比较的角度，结合有关组织文化调查的一般结论，揭示和反映清华大学与麻省理工学院在大学组织文化方面的特点和不同。

第七章借鉴组织变革理论的研究成果，探讨组织文化与组织变革的相互关系。在此前清华大学和麻省理工学院等研究型大学的组织文化研究的基础上，对这两所大学的组织变革进行研究。通过描述清华大学和麻省理工学院曾经经历的组织变革的情况，并结合两所大学的组织文化特点加以讨论，揭示和反映两所学校开展组织变革的特点与规律。毫无疑问，清华大学和麻省理工学院的组织文化具有相似性，但又各自有其特殊性，而大学的组织变革过程也不可复制或者假设，因而本章的研究将有相当的难度和创新性。总的来讲，本章试图借鉴组织变革理论开展分析，探讨大学组织文化对大学变革的影响。

第八章将给出本书的结论并提出大学组织文化发展和组织变革开展的建议。在描述大学组织文化建设的目标和方向、组织变革的方式和方法后，提出大学组织文化发展和开展组织变革的政策建议，以此推动大学组织文化的发展和大学办学质量的提高。

本书的框架如图 1 – 3 所示。

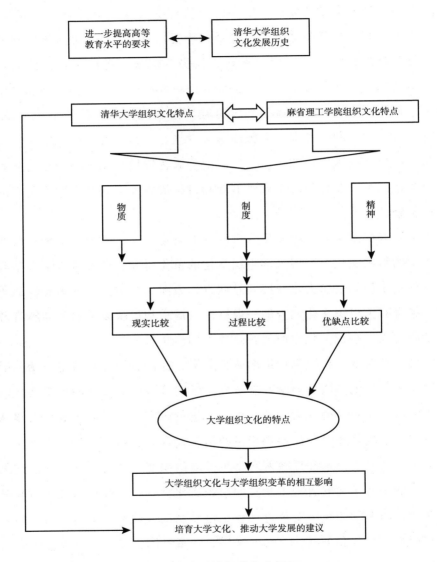

**图 1 – 3　本书总体内容框架**

# 第二章
# 大学组织文化研究概述

## 第一节　我国大学文化研究

### 一　起步

"大学"一词古已有之，在我国有非常悠久的历史，在某种意义上，我国古代进行高等教育的机构早在 2000 年前就出现了，那时称为"太学"，这一形式后来又逐步演变成为"国子监"教育制度。清末民初，我国的现代大学制度逐渐形成，至今已有 100 多年的历史，走过的道路与西方各国相比虽然短暂却更加曲折而不平凡。由于我国的大学深深扎根于中国传统文化，其文化底蕴更加深厚。

伴随我国现代大学制度的逐渐形成，以蔡元培、梅贻琦与张伯苓等为代表的近代大学教育的先驱们对大学理念和大学精神先后提出过自己的认识与看法。梅贻琦曾经指出，大学"自身亦正复有其新民之功用，就其所在地言之，大学俨然为一方教化之重镇"，"可以为国家文化之中心，可以为国际思潮交流与朝宗之汇点"。20 世纪 80 年代以后，随着我国高等院校改革的进行，对大学文化的研究也逐步升温。进入 21 世纪以后，我国高等教育快速发展，有关大学文化的研究更加丰富（严峰，2006）。

2008 年 5 月 11 日，北京大学许智宏校长在大学通识教育论坛校长对话中指出，北大精神不可能用一个词或者一句话来概括，北大精神是由很多故事组成的，凝聚了一代又一代人的精神，如"思想自由、兼容并包""爱国、进步、民主、科学"等，这些精神一代代传承下来，但是北大的更多精神是只能体会而不可言传的。

清华大学顾秉林校长曾经说过，"历史上的清华大学是中国传统教育与西方现代教育相结合的产物。清华大学的发展演变是中国高等教育在现代化、民族化、国际化征程中探索跋涉的真实写照。这所集中西文化为一体，有近百年历史的学校已形成自己独特的大学精神，它是清华大学在新世纪继续发展的宝贵财富。从五四风浪的弄潮儿，抗日烽火的英雄，民主运动的斗士，到两弹一星的元勋，四化建设的栋梁，改革开放的生力军，'自强不息，厚德载物'就书写在一代代清华大学人身上。尽管时代不同，内容各异，但都离不开'爱国奉献、追求卓越'的精神和'行胜于言'的作风。当我们在清华大学说起'自强不息，厚德载物'时，每个清华大学人都会有一种发自内心的感动。它已经伴随我们走过了 20 世纪，它还将与我们继续走下去，一代一代的清华大学人会用自己独特的方式解读这一口号，并赋予新的内涵"（顾秉林，2003a）。清华大学原党委书记陈希同志在解读清华大学的大学精神时则概括了三条："第一个就是爱国奉献。由于清华大学的建校原因，清华大学师生在学习过程中一直会感受到由于国家落后、民族落后而遭受到的冲击，因此，爱国这个概念在清华大学师生中有非常强的冲击力，这是从本源里产生的大学精神或者文化；第二是科学务实。清华大学把它具体化成'四个不唯，一个唯'——不唯上，不唯书，不唯洋，不唯他，只唯实，这是清华大学办学中非常重要的文化和精神。再有一个就是勇于创新和追求卓越"（傅林等，2004，2005）。

## 二　大学的发展和提升需要以大学文化研究作为基础

当前，中国的大学正处于飞速发展的重要阶段。1999 年，党中央、国务院决定大幅度扩大高等教育招生规模。从 1999 年到 2007 年，我国高等教育取得了跨越式的发展。2006 年我国高等教育招生规模达到 540 万人，是 1998 年的整 5 倍，高等教育在学总规模超过 2500 万人，毛入学率达到 22％。① 中国高等教育规模先后超过俄罗斯、印度和美国，成为世界第一。在高等教育快速发展的同时，我国高等教育质量也得以不断提升，大学的育人水平和学术质量在不断提高，对社会的人才贡献、知识贡献和科技贡献日益突出。

在快速发展的情况下，中国的大学也暴露出一些深层次的问题和矛盾，面临着严峻的挑战，其中最核心的问题是大学的优质教育资源的供给严重不足。换言之，大学的数量增长得很快，但大学教育水平提升的速度远远没有跟上时代和社会的要求。与此同时，随着中国经济融入世界的进程不断深入，中国学生越来越多地选择国外大学开始其自身的大学生活，出现了成批的留学生和小留学生。国内的大学又不得不面对国际化的要求，与国外同行们争夺生源与争夺资源的态势逐渐形成。

由此，如何迅速提升大学的质量和水平已经成为摆在中国大学面前无法回避的问题。

大学如何快速发展和提升？不同的人对此有不同的认识和理解。近年来，国内大学在硬件上有了极大地提升，在教师队伍、科研教学设施和校园环境建设等多个方面的进步有目共睹。然而，大学硬件的提升并没有带来学生培养质量的必然提升，社会对高等教育质量和大学生素质能力及道德水准的质疑声也屡有所闻，这一方面体现了社会对大学的高度关注；另一方面也体现了社会对大学培养内容同质化、缺乏科学精神和人文关怀的严厉态度。

与此同时，大学的管理者也迅速认识到这一问题。提升学校质量、办学绩效和社会评价，除去加强硬件上的建设，更重要的是发掘内部潜力，由此就必须重视大学文化，包括合乎学校发展的组织文化、宽松活跃的学术环境、探求真理的科学精神等"软件"的建设和提升。2007

---

① 教育部网站教育统计数据，http：//www.moe.gov.cn/。

年 8 月 15 日清华大学顾秉林校长在哈尔滨工业大学承办的"一流大学建设"系列研讨会上强调，"百余年来，中国现代大学在推动国家发展、社会进步的过程中，形成了各具特色的大学文化，对优秀人才的成长起着巨大作用。但是，我国当前的大学文化在精神理念与价值判断上存在重物质、轻精神，重共性、轻个性，重教育社会功能、轻教育本体功能，急功近利、因循守旧等思想，影响学生创造性的培养和创造潜能的发挥。""创新是世界一流大学的一个基本特征，以创新为核心的大学文化是一流大学的灵魂。我国重点大学要跻身世界一流大学行列，首先要跨越的不仅仅是与世界名校在办学规模、科研成果及论文数量、师资力量、物质条件等方面的显性差距，更重要的是要缩短在大学文化，特别是观念、机制等方面的隐性差距。"

由此可见，大学文化研究是大学发展和提升的重要基础。清华大学顾秉林校长于 2003 年 10 月 30 日在"大学文化研究与发展高层论坛"上明确指出，大学文化在整个社会的大文化系统中是非常重要的组成部分，因此大学理所当然地应当格外关注大学文化。

## 第二节　组织文化的研究

曾经有一些文化专家研究发现，"文化系统"提供了有意义的共享符号，从而使社会行动者能够在相互之间进行沟通。这里所述的"文化系统"是指定义了社会角色以及其期望的制度化或模式化体系。从这些研究可以认识到，文化的一个重要意义在于其能够提供共享符号以便于沟通。另外，还有一些文化学者坚持认为，文化的核心就是意义的创造、理解、交往和解释。文化还是一个体系，因此它包含着多个层面的意义。从宽泛意义上理解的"文化"，既要包括知识和技术形态的文化，还要包括信仰和世界观、价值和规范等内容的文化。

从管理学来看组织文化，应该包括：组织中的主导价值观、组织成员共享的准则、组织的日常行为规范（例如组织的通用语言、仪式和典礼等)、组织成员相处时遵循的游戏规则、组织的管理哲学、组织对外的象征意义等。由此我们不妨想象一下,在组织二分法即理性和非理性共同组成的世界里,一方面是技术和经济理性所掌控的冰冷世界,这个世界存在的合理性体现在:由于活动处于标准化的状态,具有可预见性,这就使得组织的发展具备了可能。另一方面则是由情感和思维所构成的火热的世界,属于人类的非理性世界。在其中对理性所采用的是一种抗拒的姿态,这种抗拒表现为反对在正式组织结构中所进行的理性化进程。上述的两个世界往往处于隔离和冲突的状态之中,且不存在连续性,这就意味着:一个世界往往表现出自己的"针锋相对",以此成为另一个世界的制约力量;一个世界对于另一个世界的指令,做出的回应往往是置之不理和顽强对抗。由于非理性的价值取向和理性的价值取向这二者之间的裂痕将会影响组织目标的实现和组织的可持续发展,此时组织文化就能够实现二者的有机统一(Baldridge,1971b)。

从组织文化的具体表现形式来看,一部分学者认为,组织文化就是在组织内所发展的共同行动、信仰和价值观体系,以指导组织成员的行为。组织文化是被一个组织所信奉的主要价值观,由价值观、神话、形象、英雄和象征凝集而成,这些价值观、神话、形象、英雄和象征对组织成员具有重大意义。还有一部分学者从企业研究的角度出发,他们倾向于认为,组织文化是指导组织制定员工和顾客政策的宗旨。具体来说,一个(企业)组织将其基本信念和基本价值观灌输给它的成员,形成上下一致的组织文化,促使广大(企业)成员为自己的信仰而工作,于是产生了强烈的使命感,激发出最大的想象力和创造力。

比如,霍夫斯泰德(Hofstede,1984)曾经认为,组织文化是一种"企业心理"及组织的潜意识。根据他的理解,组织文化包含了由企业员工所共有的观念、价值取向以及行为等表现形式。

西方学者中研究组织文化影响力比较大的是麻省理工学院的著名组织心理学家沙因(Schein)。他认为,组织文化是由一些基本假设所构成的模式,这些假设是由某个团体在探索解决对外环境的适应和内部结合的问题这一过程中所发现、创造和形成的。这个模式运行良好，可以认为是行之有效的，也是新成员在认识、思考和感受问题时必须掌握的正确方式。组织文化存在于两个层次上，在表面上是可见物象和可观察行为，组织成员之间共享的有关人们穿着和行动的方式、象征故事和仪式。但是，组织文化中的可见因素反映了存在于组织成员思想中的深层次价值观。这些深层次的价值观、假定、信念和思维过程才是真正的组织文化。简言之，组织文化是特定组织在处理适当外部环境和内部整合过程中出现的种种问题时，所发明、发现或发展起来的基本假说的规范。这些规范运行良好，相当有效，因此被用作教导新成员观察、思考和感受有关问题的正确方式（Schein，1990）。

有人对组织文化的定义做过统计，共有 200 多种，几乎每一个管理学者和组织文化学者都有自己的定义（Kast，1970）。学者对组织文化有不同的理解，给了很多定义，主要包括"管理新阶段说""总和说""同心圆说""精神现象说""广义狭义特色说""力量统一说"等（Grégoire，2009）。

在国内，关于组织文化的理解和对组织文化的定义也有多种多样的看法。

一部分学者从传统文化范畴的角度来理解和看待组织文化，认为组织文化是社会文化体系中的一个重要组成部分，是民族文化和现代意识在组织内部的综合反映和表现，是民族文化和现代意识影响下形成的具有组织特点的群体意识以及由这种意识而产生的行为规范。

还有一部分学者从向西方学习先进经验的角度来理解组织文化的含义，认为组织文化（理论）是一种新的现代管理理论，组织（企业）要真正步入市场，走出效益较好、发展较快、使经济协调发展、（让企业）整体素质不断提高的路子，就必须普及和深化组织文化建设。

综合国内外研究人员的观点来看，国内外对于组织文化的定义还是存在一些分歧的。国内学者一般认为，组织文化本身就有广义和狭义两种理解。广义的组织文化应当包括组织所创造的，同时具有其自身特点的精神文化和物质文化；而狭义的组织文化，主要指的是在具体的组织中所形成，带有其自身个性的价值观念、经营宗旨和道德行为准则等的综合。从这一普遍看法来看，对于组织文化，国外更加强调的是组织成员共有的价值观念，尤其注重组织中的软环境，而国内学者却通常将组织的硬文化纳入组织文化中。这里的硬文化主要是指组织内部的物质状况，即建筑物、工作环境、机器、设备、技术水平和组织效益等有形的东西。与硬文化相比，软文化主要指组织精神、组织理念和组织氛围等无形的东西。所以，国内学术界一般都从广义和狭义两方面来理解组织文化，广义的组织文化被认为是物质文化和精神文化的总和，或者硬文化和软文化的总和；狭义的组织文化单指精神文化或者软文化。

笔者比较倾向于把组织文化仅从狭义方面来理解，即精神文化或者软文化。从这种意义上讲，笔者认为，组织文化是指在一定的社会大文化环境下，组织在长期的实践活动中所形成的，经过组织领导者的长期倡导和团体成员的积极认同、实践与创新所形成的整体价值观念、信仰追求、道德规范、行为准则、经营特色、管理风格、行为规范、思维模式以及传统和习惯的总和。组织文化重视人的因素，强调精神文化的力量，希望用一种无形的文化力量形成一种行为准则、价值观念和道德规范，凝聚组织成员的归属感、积极性和创造性，引导组织成员为组织和社会的发展而努力，并通过各种渠道对社会文化的大环境产生作用。

由于存在不同的组织文化要素，就会形成不同的组织文化。通过具体分析和讨论可以发现，组织文化往往有四种类型：氏族文化、官僚文化、市场文化和企业家文化。一般而言，氏族文化代表的是重视忠诚和传统、团队工作、个人承诺、自我管理、广泛社会化和社会影响；官僚文化代表的是重视规则、标准操作程序、正式化和等级协调；市场文化代表的是在组织中盛行利润和竞争的取向，重视可要求和测量的目标，尤其是以市场和金融为基础的目标；企业家文化代表的是高度的创造力、动力和冒险。当然，这四种类型的划分并不是完全绝对的，在一个组织中，不同类型的组织文化也会有同时存在的可能，当然其程度可能有所不同。

组织文化一旦形成，就会成为约束组织成员行为的非正式控制规则，而使组织成员放弃一些不适合组织期望的行为和利益取向。由于受到组织文化的熏陶，组织成员取用相同的价值观和道德观，这样，组织内的人际关系将更加融洽，组织的各种矛盾将得到缓解，斯蒂芬·P.罗宾斯（Stephen P. Robbins）曾经指出，组织文化的作用主要表现在：①它起着分界线的作用，即，它使不同的组织相互区别开来；②它表达了组织成员对组织的一种认同感；③它使组织成员不仅注重自我利益，更考虑组织利益；④它有助于增强社会系统的稳定性，文化是一种社会黏合剂，它通过为组织成员提供言行举止的标准，而把整个组织聚合起来；⑤文化作为一种意义形成和控制机制，能够引导和塑造员工的态度与行为（斯蒂芬·P. 罗宾斯，2005）。翟常秀则经过总结，把大学中的组织文化归纳为导向、约束、凝聚、激励、辐射和协调六种功能（翟常秀，2006）。

## 第三节　大学组织文化的研究

英国学者托尼·比彻在《高等教育新论——多学科的研究：文化的观点》这一经典著作中，曾对 20 世纪 80 年代以前开展的文化研究中与高等教育有关的内容作过相当全面的概括和总结。托尼·比彻发现，高等教育中的文化与文化现象的相关研究文献相对匮乏，并且比较分散，但值得欣慰的是，这些早期的成果已经为我们理解在高等教育中的文化现象提供了非常有趣的视角（伯顿·克拉克，1988）。

伯顿·克拉克曾经撰写了《美国的学院》一书。在书中，他通过其本人在美国大学和学院的学术生活中的观察与研究发现，在这些美国大学和学院中，的确反映了在美国高校组织中所特有的文化内涵。克拉克将美国高校组织中的文化划分为四个类型或者层次：学科文化、学术职业文化、院校文化、整个高等教育系统的文化。托尼·比彻把伯顿·

克拉克、哈尔斯和特罗、帕森斯与杰拉德·普拉特等人的研究称之为"以院校为基础开展的研究"。通过这些学者的研究，大量的专著"不断勾勒和廓清了大学的整体的文化面貌"（Giuseppe Labianca et al, 2001）。

20世纪50年代，英国学者斯诺写作了《两种文化》一书，他就当时英国知识界中同时存在的科学家和作家、纯粹科学家和应用科学家之间的感情嫌恶与价值冲突等现象，展开了细致生动的描述、刻画和分析。他的书极有价值，因为书中犀利的笔触对于人们理解在大学中发生的文化冲突现象相当有启发。弗·兹纳涅茨基（P. Znaniecki）是早期的知识社会学学者，他在《知识人的社会角色》这一著作中，把"知识人的社会角色"划分为技术顾问、圣哲、学者、知识的创造者（探索者）四种。托尼·比彻把这些研究表述为，对知识领域内各个学科的特点的研究、学者及其特点的研究。

在20世纪60年代，玛格丽特·米德是美国文化人类学者，她的两本著作《代沟》和《文化与承诺：一项有关代沟问题的研究》，为我们理解在校园中的大学生与其长辈人群间的文化差异——代沟，给出了新颖而独到的视角。霍德华·比科尔和布兰奇·格尔合著的《白衣男孩：医学院中的学生文化》一书，在美国高等教育领域引起了相当广泛的影响。霍德华·比科尔和布兰奇·格尔对多所美国大学的医学院进行了现场观察和访谈，细致地描述和分析了处在不同学业阶段的学生的态度和期望，在此基础上，他们揭示了医学院的学生群体所具有的普遍特征。除此之外，美国的学者如菲利浦·雅各布、西奥多·纽科姆和霍格等人，开展了价值观变化方面的追踪研究以及大学生态度方面的调查研究等（Millett, 1962；Neumann, 1991）。事实上，自从1964年美国加州伯克利大学的学生发起"言论自由运动"后，以大学生为主体的大规模文化变革和反战运动在美国、法国、英国、联邦德国、意大利、澳大利亚、加拿大等西方国家持续进行。由此，大学生群体在西方逐渐被看作是一个相当特殊性的群体（Gioia, 1996）。托尼·比彻将其描述为大学生亚文化。自 20 世纪 80 年代以来，中国教育界和文化界也曾多次出现"校园文化"的研究热潮，实际上，这些所谓的"校园文化"的研究实质上也是大学生亚文化。

20 世纪 80 年代，组织文化概念正式进入高等教育研究领域。组织文化的研究能很快为从事高等教育研究的学者所接受，与企业研究的发展、学者们开展的企业文化的研究有关。蔡特、迪尔和怀尔等美国学者发现，大学中的学术部门在教职制度、质量的控制形式、问题的解决方式、未来发展方向的共商机制等教育管理的传统领域都充分体现了"企业共享管理"的社团化组织特征，而且这一特征与日本企业管理的模式非常相似。与此同时，西方高等教育面临着二战以后的第一次严重危机。由于经济形势发生变化，各国政府预算大量缩减，而高等教育规模在迅速膨胀之后仍然不适应这一现实，由此，多年以来大学不断扩张和发展，大学内的事务不受或者少受社会影响，大学生活平静、稳定与安逸的状态被打破了。自 70 年代开始，新公共管理理论风靡西方各国。随着公共管理领域内各种管理思潮的发生和发展，组织变革、管理效率和管理成本成为时代主流。政府、商业机构和普通民众长期以来对大学运转中的一些管理现象理解为缺乏质量和效益意识，至此对大学组织内部的管理水准产生了怀疑（Weick，1976；赵成，2006）。由于他们是大学的资金提供者，这种不满就逐渐变化为对大学的管理运作提出更为苛刻的要求，对大学在社会现实生活中发挥的作用也提出了不同的意见。正是在这一背景下，从公共管理领域内引入的、注重质量和效益标识的大学组织变革，以向公共领域内的市场化变革学习的做法开始流行起来，并陆续在部分大学的组织运转中发挥影响（田华，2006）。

针对大学能否进行市场化倾向的变革，大学组织能否学习、引入、借鉴甚至套用企业或者政府组织运作的模式方面的疑问（宁本涛，2003），部分学者也试图通过对组织文化的研究来回答这一问题。他们通过分析和研究大学组织与其他组织的区别，说明大学组织所具有的独特本质属性，以此来作出回答。从目前已有的研究情况来看，大体上可以划分为以下两类基本研究方式。

一类是特殊性的分析和研究，也就是在研究中试图反映大学与其他社会组织相比较的特殊性的一面。学者们采用系统研究的方法，对构成学术组织的文化要素与文化现象开展了具体的分析，力图以此来揭示高等教育机构在结构特点和行为模式等方面与其他社会组织存在根本性的差异，这样就能够反映大学特殊性的方面（Clark，1960）。克拉克是开展这方面研究的代表人物，他曾经在 20 世纪 80 年代先后出版了《高等教育系统》和《学术生活：小世界、不同的世界》两本著作，具体分析了高等教育机构作为文化中心所具备的特殊组织构成。克拉克提出，文化在组织中发挥的整合作用不像科层机制那样，依靠指令、规则、惩罚等一些强制性的措施和手段。文化作为一种价值和观念，必须内化到组织成员的内心深处，使组织成员自觉地按照这些价值和观念的规范调整自身的态度与行为。文化机制整合的途径可以包括两个方面：一是对组织成员进行培训，通过培训组织成员以及增加组织内部的沟通和交流等，传递组织的核心价值；二是利用文化的一些基本表征，如符号、口号、典礼、仪式、语言、神话、故事等来强调组织的核心价值。大学组织正是通过这两条途径，使学术系统和组织自身的基本价值体系在学术组织的成员中建立起来并不断得到加强（金顶兵，2004，2006）。

另一类研究的方式取向则是组织内部研究。学者们从组织文化入手分析大学的组织内部运作，为研究大学的组织管理理论，开展大学管理实践提供依据，这方面的代表学者有麦克尼、多普森、罗伯特·伯鲍姆、威廉·H. 贝格斯等人。在 20 世纪 90 年代初，贝格斯出版了《学术机构的四种文化：改善学术组织领导权的观点和策略》一书，该书是这方面研究的一部代表作。

近年来，组织文化方面的理论和实践研究已经为大学组织文化研究提供了新的视角和重要帮助。安德鲁·T. 马赛德在回答为什么要对大学组织文化进行研究时，在其文章中写道："在理论层面上，组织文化的分析为研究者提供了又一个工具。理解特定组织的文化有助于深层次地解释学术机构的管理，因为文化对管理模式和决策实践有显著的影响。"他还引用了科恩、雷菲尔、奥尔森和马奇等多名学者的看法并总结："在大学中，如正式的规则和命令等直接的控制、专业分工和科层制等含蓄的控制都对组织的生活发生影响，然而，在这两种控制都处于弱势的情形下，像组织文化这样的不引人注意的力量就会变得非常重要，大学或学院就是直接控制与含蓄控制机制比较薄弱的组织，因此，在这类组织中开展深层次的组织文化研究更为适合。"由此，他在文章中评价道："有一种观点甚至认为组织文化更应成为高等教育研究的核心"（Ted and Youn，1997）。

中国大学组织文化的研究与国外相比开展的略晚，但研究发展很快。在 20 世纪 80 年代以及 80 年代之前，对中国大学的描述基本上散见于各类纪念文集、回忆录和小品文之中。90 年代以后，由于对大学的关注逐渐增多，关于大学组织文化的专著和书籍办随之迅速增加。这些专著或者书籍主要从两个维度对大学的组织文化进行了生动的描写。

一个维度是对关于"校园文化"这一大学组织文化的构成部分开展的相关研究。在这些研究中，不少是由学生的党团组织等完成的，关注大学生的理想、态度、价值取向和生活信念等反映学生在不同生活环境和社会背景下的基本状况的内容，研究的主要目的是为学生的组织管理与思想教育提供理论依据和工作参考。由于其著述目的在于总结和展示大学中的学生活动，因此其可靠性较强。这些著述的缺点是范围较多局限在大学生群体的亚文化现象中，对大学教师等学生群体以外的学校组织文化的内容涉及较少。

另一个维度是对名校的回忆。这方面的书籍和出版物相当多，随手翻开就可以发现，多家出版社 90 年代先后出版了世界著名学府与中国著名学府的简介和故事等，比如多家出版社出版了关于中国著名大学（一般包括北大、清华、中国科大、浙大、交大、复旦、南开、武大等高校）的故事，四川人民出版社出版了"中华学府随笔"，以及《从哈佛到斯坦福：美国著名大学今昔纵横谈》《哈佛琐记》《哈佛之恋》等介绍或描述国外著名大学情况的书籍。这些著作的趣味性比较强，不少内容也可以作为研究的参考，但惜乎内容和描写都相对主观，部分内容引用前需要加以考证。

2000 年前后，国内的组织文化研究开始进入聚焦阶段。一方面，关于大学组织文化的学术研究逐渐深入（刘俊等，2006），比如，阎光才的《识读大学——组织文化的视角》（2002），使用介于"纯粹解释模式与完全理解模式"之间的角度，对大学组织文化的本质、特征和发展规律等进行了较为深入的理论研讨。严峰的《中国大学文化研究》（2006）、杨全印的《学校文化建设——组织文化的视角》（2005），张英姿的《学校组织文化初探》（2007）等则结合我国大学或中学的特点，努力尝试运用一定的组织文化理论进行分析和研究。另一方面，2000 年以后不少高校相继出版了记载学校发展和历史的校志、校史材料，部分高校校长也先后结集出版了回忆录、传记与纪念文集，如清华大学出版社出版的《蒋南翔传》等。这些记载着大学办学理念、决策思路和发展状况的内容作为研究大学组织文化的第一、第二手资料，成为大学组织文化研究不可忽视的重要文献。

## 第四节　清华大学与麻省理工学院的组织文化概述

### 一　清华大学

中国现代高等教育只有百多年的历史，以新中国成立为分水岭，高等教育分为新旧两个部分。在 100 多年的曲折发展历程中，中国高等教育取得了举世瞩目的成就，在这些大学群体中，清华大学是一所极富特色的著名大学。在清华大学的发展历程中，形成了特质的文化发展轨迹。

　　清华大学的创立缘于"庚子赔款"，早期的清华大学学堂深刻地烙上了美国意识形态的印迹。由于从学校设立之始便面临国家衰亡、民族多难的时刻，因此国家意识、民族意识和责任意识就成为清华大学师生办学和奋斗过程中重要和当然的主题，这也成为以后清华大学组织文化形成和发展的重要外部条件。1925 年 9 月，历经多年争取，清华大学学校大学部得以设立，此后清华大学迅速由一所留美预备学校向综合性大学转变，清华大学的学术风气也初步形成，史上称之为"中西融汇、文理贯通、学术独立"（孙敦恒，2002）。1928 年，清华大学学校正式更名为"国立清华大学"。随后的两三年时间里，清华大学校长更迭频繁，办学理念融入了浓厚的政治化色彩。

　　1931 年 10 月，梅贻琦从海外归国并出任清华大学校长，他一方面承接清华大学十余年的办学传统，加以发扬光大；另一方面开拓创新确立了一套在今天看来还是颇为先进的教育理念和教育管理办法，领导清华大学开创了它的第一个黄金时代，也带领它度过了艰苦卓绝的抗战八年和复员三年。梅贻琦的大学理念被后来的学者总结为"有三个来源和三个组成部分"[①]。三个来源是：中国古代儒家教育思想和西方古典教育哲学；欧美现代资产阶级民主与法治思想；以蔡元培先生为代表的兼容并包和学术自由思想。三个组成部分是：通才教育（或自由教育）思想；教授治校（或曰民主管理）思想；学术自由（或曰自由探讨的风气）。应该说，这一概括是符合实际的。梅贻琦的大学理念主要体现在以下几个方面：知类通达，通重于专；端赖大师，教授治校；兼涵并容，学术自由。在具体工作中，尊重教授，延聘名师；建设工学院，文法并重；力行集体领导的学校制度。从 1931 年到任至抗日战争爆发起，在不到六年的时间里，而且是在华北局势动荡不安的情况下，梅贻琦在校政、教学、学术研究、学风、人才等诸多方面擘画精详，成绩卓著，开创了清华大学历史上的第一个"黄金时代"，清华大学在文、理、法、工等诸多方面都做出了相当出色的科研成果。在 1941 年清华大学

---

① 参见梅贻琦纪念馆，http：//www. luobinghui. com/myq/Index. html。

学报第十三卷第一期发表的《大学一解》中，梅贻琦（1941）精彩地发挥道："古者学子从师受业，谓之从游，孟子曰，'游于圣人之门者难为言'，间尝思之，游之时义大矣哉。学校犹水也，师生犹鱼也，其行动犹游泳也，大鱼前导，小鱼尾随，是从游也。从游既久，其濡染观摩之效，自不求而至，不为而成。反观今日师生之关系，直一奏技者与看客之关系耳，去从游之义不綦远哉！"1937 年抗战爆发后，清华大学从北平南迁，先是辗转于长沙，后西迁昆明，与北京大学和南开大学共同组成国立西南联合大学，国立西南联合大学的历史在中国高等教育史留下了辉煌的篇章。1946 年，抗战胜利后的清华大学师生重返北平清华大学园。在恢复重建中，清华大学工学院又增加了航空、化工和建筑①三个系，变为五个系；又建立了农学院，包括农艺、植物病理、昆虫和农化四个系。这样，清华大学成为一所工程技术学科门类比较齐全，文理兼备、综合发展的著名大学。梅贻琦校长被后来的学者称为清华大学的主要创建人，不仅是因为他稳定了清华大学的管理架构，带领清华大学进入了第一个黄金时代，他也对清华大学文化产生了深远的影响。

　　1949 年新中国成立后到 1952 年间，清华大学进入了调整时期。1952 年，教育部对全国高等学校进行了调整，并根据苏联经验，确定了"以培养工业建设人才和师资为重点，发展专门学院，整顿和加强综合性大学"的基本方针。1952 年院系调整后的清华大学发生了巨大变化，由一所综合性的大学转变为多科性的工科大学（李会春，2007）。1952 年起，蒋南翔出任清华大学校长。蒋南翔校长崇尚马克思主义，拥护党的领导，完成清华大学的社会主义改造，树立了为国家发展做贡献的办学方针。他提出，清华大学要培养"为社会主义建设服务的、体魄健全、热爱祖国的具有一定马克思列宁主义思想水平、掌握先进科学技术的高级工业建设人才"。此时，有的苏联专家提出建议，清华大学可以以水土电专门学院作为办学的目标。蒋南翔对此极不赞

---

　　①　建筑系开始时称为营造系。

成，他强调要正确地学习苏联，但也要结合我国和学校的具体实际，不能盲从。他认为，在新中国百废待兴，经济建设如火如荼的时刻，清华大学一定要有国家意识，要主动根据国家未来发展经济与研发科技的需要，建立和发展新专业。由此，从1956年开始，清华大学陆续新建和复建了一批新专业，其中有工程化学、工程物理、工程力学、数学、无线电电子学、自动控制、精密仪器等。清华大学还参与了密云水库的设计建设，最早建成了试验原子反应堆等，为国家填补了多方面的空白，这些都为改革开放以后清华大学的迅速发展打下了坚实的基础。蒋南翔十分重视对教师队伍的建设，他把学校比喻成培养人才的工厂，学生是加工的对象，教师就是对产品进行加工的工程师，因此要对教学对象负责，对毕业生的质量负责。他深切地说："教师不仅要通晓本门学科的业务，还要通晓对学生加工的艺术。加工的过程就是要善于架桥，要为学生架起从未知到已知的桥梁，把学生摆渡到知识的彼岸。"蒋南翔校长非常重视对学生进行思想教育。他提出了"又红又专""干粮与猎枪""双肩挑""三支代表队""为祖国健康工作五十年""真刀真枪"的毕业设计等响亮的、富有感染力和号召力的口号，并将其落实为具体的教育制度，培养了大批的优秀毕业生。事实证明，蒋南翔校长的办学理念及治校方针是经得起实践检验的。蒋南翔在社会主义教育建设中贡献之大，功绩之卓著，在当代教育家中寥若晨星。此后几十年，清华大学培养的人才为社会主义建设事业做出了极为重要的贡献，从而使清华大学无可争议地成为中国最著名、最重要的大学之一（顾秉林，2004）。蒋南翔的治校理念对新中国成立后清华大学文化的继承与发展起到了里程碑式的作用。他把爱党与爱国相统一，深化了爱国的内涵，努力培养符合新中国需要的各类人才，并且将这一马克思主义的理念内化到人才培养的操作之中，高瞻远瞩，意义深远；他崇尚科学精神，讲求实事求是，根据客观实际提出各种理念与方案，赢得了广大教师与学生的拥护，也为国家培养一大批真正具有真才实学的优秀学子创造了条件；他总结出"真刀真枪做毕业设计""建立三支队伍""猎枪与干粮"

等许多深入浅出的教育思想与教育方法，为新中国教育思想的发展做出了积极的贡献，也为清华大学留下了许多沿袭至今的新传统（李传信，1999）。

经历了"文革"十年之后，清华大学进入了新的时期，学校发展速度不断加快。在总结过去办学经验的基础上，清华大学开始有计划、分步骤地逐步恢复了理科、经济、管理和文科类学科，并成立了研究生院和继续教育学院。1999 年，原中央工艺美术学院并入清华，成立清华大学美术学院。在国家和教育部的大力支持下，经过"211 工程"建设和"985 计划"的实施，清华大学在学科建设、人才培养、师资队伍、科学研究以及整体办学条件等方面均跃上了一个新的台阶。目前，清华大学设有 14 个学院，56 个系，已成为一所具有理学、工学、文学、艺术学、历史学、哲学、经济学、管理学、法学、教育学和医学等学科的综合性研究型大学。在人才培养上，清华大学努力办出自身特色，致力于培养高素质、高层次、多样化、创造性的拔尖创新人才，造就一批学术大师、兴业之士和治国之才。[1] 1998 年，江泽民同志在北京大学百年校庆讲话中提出"我国要建设若干所具有世界先进水平的一流大学"的构想之后，清华大学逐步明晰了具体奋斗目标和"三个九年，分三步走"的发展战略，正在按照建设世界一流大学的战略规划，力争重点突破，跨越发展，跻身世界一流大学行列（李越等，2002）。

2011 年，清华大学庆祝了百年华诞。清华大学吸收先进外来文化，整理、继承本国文化传统中的优秀部分，并使二者有机地融合，从而在引领中国走向现代化的过程中发挥了重要作用。"自强不息、厚德载物"的清华大学校训，"行胜于言"的清华大学校风，"爱国奉献、追求卓越"的价值取向已经广为社会大众所知，清华大学精神和文化也已经成为中华民族精神和文化的一部分。

---

[1]　清华大学网站学校沿革，http：//www. tsinghua. edu. cn/qhdwzy/board_ xxgk2. jsp？board = 12&bid2 = 1203&pageno = 1。

## 二　麻省理工学院

麻省理工学院（Massachusetts Institute of Technology，MIT）是美国一所于 1861 年建立的综合性私立大学，有"世界理工大学之最"的美名。该校由著名的自然科学家威廉·巴顿·罗杰斯创立。麻省理工学院的建校理念不同于美国传统的大学，它以培养实用工程技术人才为使命。正因如此，麻省理工学院以"既学会动脑，也学会动手"作为自己的校训。创始人罗杰斯希望能够创建一个自由的学院来适应正快速发展的美国。因此，他在建院申请报告中写道，新学院将"有助于整个州的工业技术和科学的进步"。建校之初，罗杰斯为麻省理工学院所确立的办学目标使它的教学计划明显与综合性大学相区别。以往传统的英美制综合性大学都要在研究生阶段才开展专业教育的，而麻省理工学院在 1864 年通过的工业科学学校的"范围和计划"中论及学校目标："工业科学学校被设计用来为公众提供领先的科学原理教育的普遍机会，同样应用于工艺方面。并且，同时为系统化的应用科学的学生在附属于学科的学习和实践方面提供一种持续、彻底的训练方法。"（Scope and Plan of the School of Industrial Science of the Massachusetts Institute of Technology，1864）文中还提到麻省理工学院的培养目标有两类：一是工程学的教师；二是工商业方面的工程技术人员（曾晓萱，1993）。

同样，在 1865 年底出版的麻省理工学院第一个目录宣告了工业科学学校的目标：

第一，为那些试图将来从事机械工程、土木工程、应用化学、矿业工程和建筑工程的学生提供完整的科技教育和实际训练。

第二，提供一般的教育（General education），建立在数学的、物理的和自然科学、英语和其他现代语言、心理的和政治科学上。从而为现实生活的任何方面做好合适的准备。

第三，为那些由于性别、职业或者其他原因无法在白天进行技术学习，但又希望通过系统的晚间课程提升自己的人们提供夜间指导课程，以知识的主要分支为内容。（Samuel C. Prescott，1954）

历经百年的办学实践后，麻省理工学院认识到通识教育应当成为本科教育的一个主要目标（朱燕飞，2005）。专业教育和通识教育是不矛盾的，应当在麻省理工学院统一起来（Steven Brint et al，2005）。四年的本科专业教育要为将来的职业或进一步的研究打下基础，学院这种科学和技术的环境给许多想要获得一个宽泛的文化教育和对现代社会趋势有一个全面理解的个人提供了特殊的机会。在课程规划方面，学院也必须加强社会科学和人文学科领域的力量，给予社会科学和人文学科同等的专业地位，并加强本科生计划中的人文和社会科学训练。学院要加强本科生教育的规划和指导，加强本科生教育计划的灵活性，提高教师指导水平，强调对学科知识基本原理的掌握，适当减少学生课程数量（Report of the Committee on Educational Survey to the Faculty of MIT，1949）。

小詹姆斯·R. 基利安校长在 1952～1953 年的校长报告中描述麻省理工学院的办学理念时写道：

　　首先，我们是一所专业学校；我们拥有行为、表现和公共服务方面的专业标准。在这些专业标准的框架内，我们对那些既有专业才能又有其他一流素质的学生提供教育。我们相信，这种专业教育和全面教育的结合将会产生巨大的效果，为学生们将来的职业生涯作好准备，同时使他们成为合格的现代美国公民。

　　其次，我们在工作中贯彻大学精神和学术研究精神；前者体现在博士后、研究生和本科生教育中，后者则贯穿在所有的教育活动中。我们虽然贯彻大学精神，但并不提供普通大学的全部学科课程。我们是一所"小型大学"，我们的奋斗目标为数不多，但都经过精心筛选。我们把资源集中于科学领域或与科学相关的领域。自从建立之初到现在，学院的发展方向就是一种新型的大学，一种以科学和技术为核心的现代大学；同时，学院也兼顾艺术、社会科学和人文科学，建立全面的学院文化。学院下设五个院系；即使不同学科之间保持了紧密联系，又满足了学术研究的需要。

作为一所贯彻大学精神的专业学校，学院的教育对象是经过精心挑选的、具有超常素质和光明前途的年轻学生。面对这样一群精心选择的学生，我们的本科教育可以更进一步；比之普通的学院，我们可以做到水平更高、范围更广、节奏更快。

我们的学生既然都是精心选拔的，那么在维持学院专业标准的前提下，他们就应该享有最大程度的选择自由。他们还应该为取得学业进步和培养成熟负责的个人和社区行为承担非同一般的责任。如果具有超常的能力，他们还应该享有非同寻常的机会来开发自己的兴趣，取得比同伴更大的进步。

自始至终，实用知识的教育价值观"有用"始终是麻省理工学院的核心，企业家式的精神是其人才培养的一个重要目标，为社会的利益而发现和应用知识是麻省理工学院的中心使命，文理相通——通识教育与专业教育相结合是麻省理工学院最重要的办学特征之一。在 1865 年麻省理工学院建校之初，创始人罗杰斯校长为学院规定的宗旨是"提供一般的教育，使其在数学、物理、自然科学、英语和其他现代语言以及心理学和政治学的基础上，为学生在毕业后能适应任何领域的工作做好准备"。此后，多位校长在麻省理工学院的发展过程中认识到社会科学的重要作用并逐步加强了课程设置中的社会科学相关内容（王晓阳等，2000）。著名的刘易斯报告提出，麻省理工学院应建立人文与社会科学学院："我们这一代面临的最困难最复杂的问题是在人文和社会科学领域；因为它们主要是由科学技术对社会的影响产生，所以它们和麻省理工学院计划的其他方面有紧密的联系。作为一所科学和技术学院，麻省理工学院在这个领域有明显且具有挑战性的机会：为解决紧密的社会问题做出更大贡献的机会，帮助未来的科学家和工程师更好地理解正在塑造当代社会的力量的机会，让人文和社会科学的学生更好地洞察科学技术的意义和含义的机会……我们相信第一个步骤是在麻省理工学院为学者提供更大的机会在这个领域，在和其他领域一样的高专业化水平上，采取创造性的工作。通过鼓励对这个领域的全面发展——作为以自己的资格而重要的领域——，而不是作为一个对其他专业团体主要是作为服务工具而有用的领域，我们相信，学院人文和社会科学的教育质量能够得到本质上的改进。"（Report of the Committee on Educational Survey to the Faculty of MIT，1949）因此麻省理工学院在 1948 年专门成立了人文和社会科学学院，此后又陆续建立了哲学系、心理学系和政治学系。人文和社会科学学院不仅拥有一大批人文学家和社会科学家，还开设有人类学、历史学、文学、音乐、写作等课程，人文类课程成为各理工科学生重要的第二主修课（赵筱媛等，2005）。二战以后，麻省理工学院又新建了斯隆管理学院，培养了众多全球顶尖的首席执行官（曾开富，2006）。时至今日，麻省理工学院的自然及工程科学在世界上享有极佳的盛誉，其经济学、管理学、语言学、政治学和哲学也同样优秀。另外，在二战及二战以后，麻省理工学院负责管理研究高科技武器的林肯实验室、世界知名的媒体实验室、领先世界一流的人工智能和计算机科学实验室也都为麻省理工学院争得了声誉。

因为二战和冷战，美国政府在自然及工程科学上大量投资，使得麻省理工学院在这段时间内迅速发展。过去 50 多年，麻省理工学院也为美国政府制造出许多威力极大的高科技武器。21 世纪以来，麻省理工学院认为大学的职能已经不仅仅是教学和科研，而是扩展到参与经济和社会的发展，大学逐步成为经济发展的发动机——这推动了一种新型大学模式的崛起：创业型大学。这是与研究型大学和赠地大学相对应的大学模式。研究型大学主要是平衡教学和科研的关系，从学术研究到实际应用是一种线性模式；赠地大学与此相反，往往从社会需要出发形成研究项目；创业型大学则结合了这两种模型，沿着非线性的交互创新模式发展。麻省理工学院被认为是世界第一所创业型大学，创造出被全美乃至全世界效仿的"大学－企业"关系模式，现在又提出崭新的"大学－企业－政府"交互的关系框架——三螺旋结构（亨利·埃兹科维茨，2005，2007）。在越来越依靠知识为基础的社会中，作为三螺旋结构一部分而出现的创业型大学正在发挥着越来越大的作用，成为现代成功经济的基础之一。

如今，麻省理工学院强调其教育使命是"创造、传播和保存知识，并运用这些知识解决人类社会最艰巨的挑战"，要给学生提供一种"把严格的学术训练和激动人心的发现结合起来"的教育。

麻省理工学院的师生比例为 1:7，这样高的比例在全美的大学里是少见的。全世界优秀的学子云集于麻省理工学院，就如他们一位教授说的"就是再优秀都还不够优秀"。在这里，紧张的理工科学习被誉为"高压锅"。在麻省理工学院，传统的教育方法是没有市场的，这里的学生性格外向开放，思维敏捷活跃。麻省理工学院的最成功之处在于它独特的教育方法。它"最基本的注意点是研究，即独立地去探索新问题"（瞿福平等，2005）。学校也通过 EIP[①] 等计划来鼓励和引导学生向着办学目标所设定的培养方向转变（靳贵珍，2007）。

麻省理工学院的中央校区是由一组互相连通的大楼组成。将各栋大楼互相连通，是麻省理工学院的独特设计，其目的是为了方便人员在各个院系之间相互往来。麻省理工学院于 2005 年完成了覆盖整个校园的宽带无线网络，据称校园内共有 3000 个无线发射设备，通信良好比率在校外一公里范围内能够保持在 95% 以上，成为全美无线覆盖最好的大学之一。麻省理工学院拥有资源丰富的图书馆，其藏书量达到了 500 万册，图书馆中无论是建筑设计、科学、工程、管理等方面的书籍应有尽有，内容包罗万象，对于学生从事学术研究提供了极大便利。2002 年，麻省理工学院推出了在全球范围内产生影响的"开放课程网页"

---

① EIP，Engineering Internxhip Program。麻省理工学院推出的一项实践性计划，其目的是促进工程学科的研究生和本科生开展双向互动研究。

运动，从 2002 年起陆续公布了课程内容，从 2002 年当时公布的 500 门课程到 2006 年已经达到 1900 余门课程。麻省理工学院提出，这一运动的目标是向全世界有志于学习的使用者开放其知识库，这样无论在全世界什么地方的使用者，都可以通过国际互联网来学习麻省理工学院课程中的各项专业知识内容，从而获得有用的知识。这项计划引领了近年来多所高校的课程开放运动，从而被全世界各地的学生和学者所赞誉（李向荣等，2007）。在这项开放课程运动中，麻省理工学院明确提出，知识的共享是运动的主要理念，因此不以此作为盈利的目标。麻省理工学院的这一行为，让大量的使用者获得了自由运用其相关资源的机会。

美国工程院院士，麻省理工学院终身教授托马斯·伊格曾在《麻省理工的领导风范、管理力和教育》一文中指出，该校教育成功的五条经验是：麻省理工学院的教师和学生类型纯一；校园生活步调紧凑；素有创新的文化；是一所极具广度的理工大学；展现了正直的品质。托马斯·伊格也同时指出，麻省理工学院教育的不足之处是对学生自信心的培养力度不够（托马斯·伊格，2009）。

今天，麻省理工学院在美国乃至全世界都拥有极其重要的影响力。它培养了众多在科学技术领域的重要科学家，产生了对当代世界具有重大影响的技术人才。麻省理工学院也因此成为全世界高新科技和高等研究领域的一流大学，成为全世界理工科学生所向往的人生目标。麻省理工学院是今日全世界最好的、享有盛誉的理工科大学，《纽约时报》将其评价为"全美最有声望的学校"（Hermanowicz Joseph C.，2005）。据统计，到 2007 年为止，麻省理工学院校内曾经有 78 位诺贝尔奖得主学习或工作过。经过麻省理工学院几代人坚持不懈地努力奋斗，时至今日，如果有人要提起"全世界最好的理工科大学"，众所周知指的是麻省理工学院。

# 第三章
# 大学组织文化的标志性特征

　　沙因曾经通过对组织文化要素三个层次的划分，对什么是组织文化做出了精辟的解释。根据沙因的理论分析组织文化，大致可以认为文化包含三个层面，即价值层、制度层和器物层。对大学组织文化进行考察，同样需要从不同的层次进行解剖和分析，从外延到内核，大致可以从标志性特征、制度化要素与价值传统三个方面加以描述。

　　文化在组织中发挥的整合作用不是像科层机制那样，依靠指令、规则与惩罚等一些强制性的措施和手段。文化作为一种价值和观念，必须内化到组织成员的内心深处，使组织成员自觉地按照这些价值和观念的规范调整自身的态度与行为（阎光才，2002）。文化机制整合的途径包括两个方面：一是对组织成员进行培训，通过培训组织成员以及增加组织内部的沟通和交流等，传递组织的核心价值；二是利用文化的一些基本表征，如典礼、仪式、符号、口号、语言、神话、故事等强调组织的核心价值。大学组织常常利用组织文化的一些基本表征，如组织传奇（神话、故事）、象征、仪式等去强调组织的核心价值。比如，清华大学和麻省理工学院都有各自的校徽、校训、办学使命等形诸文字或图像；清华大学和麻省理工学院历史中都曾经聘任过著名的教授，留下了不少经典故事；从反面来说，几年前麻省理工学院的斯科特·克鲁格酒精中毒事件（托马斯·伊格，2009），清华大学的学生用硫酸泼熊的事件，也都在全国范围内成为头条新闻。

　　本章首先对大学的标志性特征物进行描述，从而试图给出麻省理工学院（MIT）和清华大学组织文化的基本表征，然后再通过其学生文化和校园建筑等内容给出这两所大学最外在的表现和风貌。

# 第一节　麻省理工学院的标志性特征

## 一　麻省理工学院校徽

图 3 - 1　麻省理工学院校徽

　　校徽作为一所大学的象征，是学校办学理念和人文精神的艺术化体现，更是其历史和传统的积淀。麻省理工学院（MIT）的校徽是由两个同心圆构成的圆面，主体颜色为红色。两环中间顶端是英文州名"MASSACHUSETTS"，下端是校名"INSTITUTE OF TECHNOLOGY"，内环讲台上标注学校建校时间，两边分别为两个人形，左边是一个手持铁锤的工人形象，右边则是经典的手捧书本埋头苦读的学者形象，内环两人手边标注"SCIENCE AND ARTS"，讲台中间标注建校时间"1861"，下方标注着麻省理工学院的校训："MENS ET MANUS"。

## 二 麻省理工学院校训——"Mens et Manus"

麻省理工学院的校训是"Mens et Manus",如果翻译成英文大致等同于"Mind and Hand",简单翻译成中文可以描述为动脑也动手。这个校训寓意希望把麻省理工学院的学生培养成为能够手脑并用,在科学和技术研究中有创新思维,又能发挥实际动手操作能力来实践创新的麻省理工学院人。

在麻省理工学院草创的 19 世纪中后期,在那个被美国教育学家莱曼·亚培(Lyman Abbott)形容为"英国模式的学院培养绅士,德国模式的大学产生学者"的古典精英教育传统仍深入人心的时代,敢于提出"大学教育应当是为一种积极向上的美国生活所做的技术准备"这一充满挑战性的理念,并且把一个手持铁锤的工人形象与经典的手捧书本埋头苦读的学者形象并列放在校徽上,这本身代表了麻省理工学院的勇气和对自身使命的清晰认识。格外重视"手"的方面,反映了当时情景下矫枉必须过正的由来所然(Rogers Emma Savage, ed., 1896)。由此,虽然哈佛大学和哥伦比亚大学的一些教授也模仿德国模式建立了一些以满足工业革命背景下现实需要为目标的培训项目和学院,但受制于传统"精英主义"和轻视动手操作能力的羁绊,这些学院始终未能取得可以与威廉·巴顿·罗杰斯(William Barton Rogers)的麻省理工学院堪相媲美的成就。

## 三 麻省理工学院的学生文化

美国工程院院士,麻省理工学院终身教授托马斯·伊格曾在《麻省理工的领导风范、管理力和教育》一文中讲了一个故事,他曾经问过鲍勃·布朗(工程学院院长),为什么他很少表扬在校的老师和学生。鲍勃回答道:"麻省理工学院的师生聪明是聪明,但没有安全感。这就是他们为何如此努力工作的原因。如果他们得到表扬了,就会感觉太安全,也就不那么卖力工作了。"托马斯·伊格认为:"麻省理工学院师生的压力有百分之九十是自我强加的"（托马斯·伊格，2009）。

事实上，在麻省理工学院的校园文化中，紧张感和压力是与生俱来的。在世界著名高校中，麻省理工学院被认为是"在这里你能看到全世界最勤奋的天才"。尽管麻省理工学院的课业繁重，"我们一周上48小时课，但一周有168个小时，课余时间有数以百计的活动小组可以参加。我们喜欢体育和艺术，如果你能管理好你的时间，你就能保证充足的睡眠，但有时候睡觉是很没意思的，要是夜里两点，宿舍里忽然有一帮人谈论起政治或基因，你也许乐于参与。"事实上，在麻省理工学院有这样一句谚语，笔者曾经听多个学生提及，"工作、朋友、睡觉，你只能选两样"（Work，friends，sleep-pick two）。

麻省理工学院的学生具有强烈的创新精神和创新意识。在麻省理工学院求学的学生，被教会去怀疑几乎所能听到的一切理论，包括其背后的假设。这种打破原有事物的创新精神不仅表现在课堂上，而且在麻省理工学院的校园生活圈、各类实验室，比如媒体实验室中无所不在。比如，麻省理工学院电类院系的不少课程完全在实验室进行，没有课堂讲习，学生们直接动手完成实验，用"技术促进主动学习"（郑君里等，2006）。种种新的教学方法在麻省理工学院的课堂上试验，用于培养和锻炼学生的创新精神。而麻省理工学院的师生都乐于参与到这类教学试验当中，从而不断挑战自我，实现创新。由于创新的意识，有时这种意识甚至会演变成恶作剧。当然，这些恶作剧也不是简单的恶作剧，而是带有鲜明技术特点的"恶作剧"（郑大钟等，1997）。

在世界著名高校中，麻省理工学院被人称为"理工地狱"（Tech is Hell），在巨大的学业压力和竞争环境下，麻省理工学院学生的压力可想而知。1997年9月29日，18岁的麻省理工学院大一新生司各特·克鲁格（Scott Krueger）因为酒精中毒而死亡。克鲁格事件后，麻省理工学院决定，不再允许本科生到校外住宿，而为了解决住房不足的问题，兴建了新的学生宿舍西蒙斯楼，还对其他一些宿舍进行了修缮。麻省理工学院的学生宿舍，编号 W79 的西蒙斯楼曾经拿过 2003 年美国建筑师研究院荣誉奖。该宿舍楼的特点之一是窗户多，平均每个房间有 9 个小窗，每个窗子上有一个单独的小窗帘。西蒙斯楼的设计师史蒂芬·霍尔（Steven Holl）在被问及为什么会这么设计时，他回答说："那有什么关系呢？反正麻省理工学院的学生不睡觉。"（苗炜，2010）

## 四　麻省理工学院校园与建筑

由长廊所贯穿、始建成于 1916 年的 1 号楼到 10 号楼，是麻省理工学院现存最古老的建筑。1865 年 2 月 20 日，麻省理工学院的第一堂课，上课地点是波士顿市中心的商会大楼。那时候，麻省理工学院创始人罗杰斯费尽千辛万苦从各方募集资金建造的学院的第一栋教学楼还是一片大工地，直到一年后方始建成。这栋坐落于波士顿后湾区博伊斯顿街上、后来被命名为"罗杰斯楼"的红砖大楼陪伴麻省理工学院走过了开创之始筚路蓝缕的半个世纪。但在 20 世纪初，麻省理工学院迅速扩张，为求发展于 1916 年北迁至查尔斯河对岸的坎布里奇（Cambridge）之后，它已经被迅速放弃。1939 年，在坎布里奇校区的新"罗杰斯楼"——7 号楼——落成一年后，老"罗杰斯楼"被拆掉，土地作价卖给新英格兰生命保险公司加盖办公大楼（苗炜，2010）。

伯斯沃茨为麻省理工学院坎布里奇新校区所设计的 1~10 号楼群，很好地延续了老罗杰斯楼的新古典主义风格，而这也是当时新英格兰地区主流的建筑风格：庄严，宏大，简洁，质朴，讲求古希腊和古罗马时期的对称之美。站在以麻省理工学院第十任校长詹姆斯·基里安（James Killian）的名字命名的基里安方庭（Killian Court）正中，面向须仰视才见的 10 号楼的廊柱和大穹顶，处在一圈中楣上刻着亚里士多德、牛顿、富兰克林、巴斯德、拉瓦锡、法拉第、阿基米德、达·芬奇、达尔文和哥白尼等科学巨人名字的配楼的包围中。

麻省理工学院在"一战"和"二战"之间、20 世纪 60 年代、80 年代前期和 90 年代末至今又经历过几次大的扩建。近年来，麻省理工学院又拥有了一栋完工于 2004 年、强烈挑战人们对建筑的思维定式的施塔特中心（Stata Center），这栋楼以其后现代风格和不规则的造型引人注目。

　　和其他大学一样，麻省理工学院的教学楼和学生宿舍楼的命名，主要使用捐资者、校长或著名校友的名字。但值得注意的是，在麻省理工学院的校园话语体系里，这些大楼向来只以其数字代码而闻名——比如吃饭娱乐办理琐事的斯塔特学生中心就是 W32，学生宿舍西蒙斯楼是 W79，而 E23 则是校医院。

## 第二节　清华大学的标志性特征

### 一　清华大学校徽

图 3 - 2　清华大学校徽

　　清华大学校徽是由三个同心圆构成的圆面，主体颜色为紫色，也是清华大学的校色。外环顶端是中文校名"清华大学"四个字，左右是关于轴对称的清华大学英文名称"TSINGHUA UNIVERSITY"两词，底端是清华大学建校时间"1911"；中环左右并列着清华大学校训"自强不息"与"厚德载物"。这两个词组出自《易》乾坤两卦的大象辞："天行健,君子以自强不息"和"地势坤,君子以厚德载物",基本上概括了《易经》的全部内涵,实际上也就体现了孔子对君子人格的基本要求。

清华大学以孔子名言作为办学的精神标志,体现了其在努力办成世界第一流大学的同时,既注重加强对我国传统教育的研究,也注重对学生新型君子人格的培养,表达了对人的关怀,暗含了以人为本的办学理念。这无疑也将使孔子古老的君子人格焕发青春,具有持久的生命力和更大的魅力。

## 二 校训——"自强不息,厚德载物"

清华大学的校训是"天行健,君子以自强不息;地势坤,君子以厚德载物",分别出自《易经》的《乾》《坤》两卦,或者简单说成"自强不息,厚德载物"。

1914年,清华大学学堂发生了一件大事:梁启超来做了一场题为"君子"的演讲。据亲历这场演讲的清华大学校友回忆[①],梁启超走上讲台,打开讲稿,眼光向下一扫,很谦虚地说:"启超没有什么学问。"然后眼睛向上一翻,轻轻点一下头:"可是也有一点喽!"梁启超引经据典,对"君子"一词做了深刻的阐释:"乾象曰:'天行健,君子以自强不息。'坤象曰:'地势坤,君子以厚德载物。'推本乎此,君子之条件庶几近之矣。"接着解释道:"乾象言,君子自励犹天之运行不息,不得有一暴十寒之弊。……且学者立志,尤须坚忍强毅,虽遇颠沛流离,不屈不挠,若或见利而进,知难而退,非大有为者之事,何足取焉?""坤象言君子接物,度量宽厚,犹大地之博,无所不载。君子责己甚厚,责人甚轻。……当其名高任重,气度雍容,望之俨然,即之温然,此其所以为厚也,此其所以为君子也。"梁启超勉励清华大学学子做真正的君子:"清华大学学子,荟中西之鸿儒,集四方之俊秀,为师

---

① 曾煜:《名人轶事录》,吉林人民出版社,1996,梁启超先生讲话细节待考。

为友，相蹉相磨，他年邀游海外，吸收新文明，改良我社会，促进我政治，所谓君子人者，非清华大学学子，行将焉属？"他对清华大学学子寄予厚望："今日之清华大学学子，将来即为社会之表率……深愿及此时机，崇德修学，勉为真君子，异日出膺大任，足以挽既倒之狂澜，作中流之砥柱，则民国幸甚矣。"应该说，这些话在今天仍有很强的现实意义。梁启超的演讲在清华大学学子中产生了极大的反响，此后，人们就把"自强不息""厚德载物"作为清华大学的校训。这八个大字现在醒目地铭刻在清华大学正门石碑上，提醒每一位走进或走出清华大学校园的清华大学人要以此为标准自励、自勉。

"天行健，君子以自强不息""地势坤，君子以厚德载物"两句话意谓：天的运动刚强劲健，相应于此，君子处世，应像天一样，自我力求进步，刚毅坚卓，奋发图强，永不停息；大地能滋养万物，气势厚实和顺，君子亦应增厚美德，容载万物。自强不息，勉励清华大学学生具有奋发图强、勇往直前、争创一流的品格；厚德载物，希望清华大学学生具有团结协作、严于律己、无私奉献的胸怀。

## 三　校风——"行胜于言"

穿过二校门，来到清华大学标志性建筑之一的清华大学大礼堂的草坪前，可以看到中心位置矗立着一个纪念石柱，上书"行胜于言"，这就是清华大学校风的表述。它体现的不仅仅是清华大学人务实的精神，也反映了清华大学人不畏艰难、顽强拼搏，在实干中一步步逼近目标的那种永远向上的活力。它是1920（庚申）级同学毕业时献给母校的纪念物——日晷，原为圆明园遗物。其正面（南面）刻有中文"庚申级立"，背面（北面）为英文"Class 1920"；一侧为中文"行胜于言"，另一侧为"行胜于言"的拉丁译文"FACTA NON VERBA"。大家都喜欢在那里照相，觉得这个石柱上的四个字所昭示的那种有条不紊的行健不息，很像是清华大学人和清华大学的象征。这四个字，如果再加上韩愈的话"行成于思"，便可以很好地概括清华大学"实干"的特点。

## 四 校箴——"人文日新"

清华大学大礼堂的南墙面正上方，悬挂着一面巨幅匾额，上书"人文日新"四个大字。它作为清华大学另一古老的校铭，与对面讲坛额顶所嵌的校训图案"自强不息厚德载物"八字遥相呼应，同样激励一代代清华大学人在校时刻苦努力学习；毕业后则严格做人，在祖国各个领域中负起自己的责任，做出自己的贡献。

"日新"二字应源于"汤之盘铭"① ——"苟日新，日日新，又日新"。1915年，尚在清华大学读书并担任校刊编辑的吴宓在为《清华大学周刊》写的一篇题为《励志》的社论中，开宗明义即引此铭文，然后发挥说"古之律身、治军；推之为国、行道，其精心苦志，淬砺奋发，一息不懈，有如是者。诚以气奋发者，志乃可坚强，前途无限，任好为之，铢积寸累，终底于成。若气馁，则志虚骄，因循怠惰，诗张敷饰，必至碌碌终身，进退无术。可不慎哉！"这应该是清华大学人对这段铭文较早的理解和诠释。

"人文"二字，传统上曾有不同的含义，这里可泛解为人类之文化。《易·贲》中云"观乎人文，以化成天下"，言圣人观察人文，则诗、书、礼、乐之谓，当法此教而化成天下也。依此而言，我们可以说，所谓人文，通常是指人类社会的各种文化现象。

把"人文"和"日新"结合起来而形成校箴，是清华大学一贯重视人文教育（或曰"人格教育"）的充分表现之一。清华大学建校伊始，即把人格教育放在首要地位，"我清华大学学校历来之宗旨，凡可以造就一完全人格之教育，未尝不悉心尽力"。同时，清华大学在过去长期的教育实践中，总是贯穿着对求新、创新及维新精神的追求，这着重体现了"人文日新"之着眼点"新"字。

---

① 商王成汤刻在浴器上用以砥砺自己不断进步的铭文。

## 五　清华大学传统——"爱国奉献、追求卓越"

清华大学成立之后，由于从学校设立之始便面临国家衰亡、民族多难的时刻，因此国家意识、民族意识和责任意识就成为清华大学师生办学和奋斗过程中重要和当然的主题。在抗日战争和解放战争期间，不少清华大学学生投笔从戎，为了民族的解放毅然奔赴战场。闻一多先生面对国民党反动派的暗杀和死亡威胁拍案而起，朱自清先生宁肯饿死也不愿意领美国的救济粮。新中国成立以后，数以万计的清华大学学生投身于新中国的建设事业中，他们到祖国最需要的地方去，义无反顾地扎根于祖国的天南海北。清华大学的优秀校友、著名科学家王淦昌被选中参与"两弹一星"的研究工作，他面对上级征求他的个人意见，询问是否愿意隐姓埋名时，响亮地回答说："我愿以身许国！""文革"刚刚结束，拨乱反正尚未完成，国家经历了十年浩劫后百废待兴，人们思想上的问题也没有得到澄清。正在青年一代迷茫之时，清华大学化72班的同学发出了"从我做起，从现在做起"的号召，在全国青年中产生了强烈的反响。无数的人物和故事写就了清华大学近百年的历史，千千万万的清华大学师生，用自己的青春、热血和激情写就了爱国奉献的传统。

2001年，时任总理的朱镕基同志在辞去清华大学经管学院院长的告别演讲中谈及他对清华大学精神的理解，他认为清华大学的精神是"追求完美"。从那时开始，清华大学把这两段话的精神结合在一起，总结为"爱国奉献，追求卓越"。用钱伟长学长的话说，我的血和汗流淌在日益强大的祖国土地上，虽然有挫折，但心里很踏实，很自豪，这就是清华大学"爱国奉献，追求卓越"的精神。

## 六　清华大学的学生文化

"指点江山，激扬文字"。清华大学早期校园文学的发展大致经历了肇始期、革新期和振兴期。"五四运动"以前为肇始期。这一时期，多数学生一心苦读，到外国学习多选择实业学科、政法工商等，校园文学气氛并不十分活跃。校内渐渐出现了《清华大学周刊》《清华大学学报》《清华大学年报》等刊物，代表人物有洪深、吴宓、闻一多等，他们在校刊开设专栏，如洪深专栏"课余漫笔"、吴宓专栏"余生随笔"、闻一多专栏"二月庐漫纪"；五四运动以后，新文化运动兴起，文化领域内进行了一场深刻的革命，清华大学文坛进入革新期。这一时期学生中人才辈出，校园文学从内容到形式都发生了重要的变化。1920 年 1 月 8 日，清华大学学生会将"新闻科"改为"出版委员会"，《清华大学周刊》开始以白话文为主要体裁，以闻一多、梁实秋、顾毓琇、谢文炳等新秀为代表，撰写了大量新诗和白话散文等，使清华大学校刊耳目一新。1920 年 12 月 11 日，由 1923 级的梁实秋、顾毓琇、翟桓、张忠绂、吴文藻、齐学启等人成立了"小说研究社"。不久由闻一多提议，于 1921 年 11 月 20 日成立了在清华大学文学史上具有里程碑意义的"清华大学文学社"。到 20 世纪 20 年代中期，《清华大学周刊》上的《文艺增刊》改名为《清华大学文艺》，1925 年 9 月印行第一卷第一号，清华大学文坛有了自己的园地。1925 年 7 月朱自清来到清华大学任教，给清华大学文坛注入了新的活力。1928 年以后进入振兴期，成立了清华大学中国文学会，创办《文学月刊》，组建了文学组织"晨星社"等，其间代表人物有李健吾、李惟远、曹宝华、郝御风、霍士休等。1926 年著名文学史家浦江清来清华大学任教，1928 年 10 月著名古典文学家俞平伯来清华大学任教，清华大学文坛出现了一派繁荣景象。在清华大学校园文学沃土中涌现出的这一批又一批新人，日后都成为中国文坛上的大家（庄丽君，2001a）。

"彰显国剧，荟萃中西"。新旧戏剧在校园中和谐共存是 20 世纪初期清华大学的特色。早在 1914 年，清华大学年刊上就出现了京剧《杨贵妃》的彩排剧照。20 世纪 20 年代以后，校园内出现了一些专门研究和演唱京戏与昆曲的团体，如"云卿社""旧剧研究社""北光剧社""菊社""古音社"等。1926 年成立的"菊社"，曾于建校 15 周年庆祝会上演出《捉放曹》《坐宫》《黄鹤楼》等，由校长曹云祥亲自主持开幕仪式，全校教职员、学生和家属观看非常踊跃。在推崇旧剧的同时，新剧在这一时期也相当活跃。中国的话剧演出活动最早始于19世纪末20世纪初的学生演剧。首先是一些教会学校的学生在圣诞节等宗教节日演出一些宗教故事剧，后来逐渐走入社会。当时的人们称之为"新剧"或"文明戏"，以区别于传统的"旧剧"。清华大学学生演剧活动始于建校之初，学生参加演剧活动非常踊跃，每年都举行话剧比赛。张彭春来校任教务长之后，更推进了演剧活动的开展。据不完全统计，从1911年到1921年，全校共编演了上百台新戏，其中突出的代表人物是洪深和闻一多等人。1919年1月下旬，"清华大学文艺社"改组为"新剧社"，专门编演新剧，闻一多和吴泽霖曾分别担任过编演部总经理与庶务部总经理。1921年11月，校内几个文艺团体合并，成立"清华大学文学社"，新剧社并入后改为戏剧组。1922~1923年，闻一多等离校后，校内戏剧活动曾一度萧条，直到20年代后期，教授中的张彭春和杨振声，学生中的李健吾、陈铨和万家宝（曹禺）等振兴了戏剧，清华大学戏剧又活跃起来。清华大学新、旧剧的演唱与研究及宽松的生存环境推动了校内戏剧的活跃，使戏剧成为洪深与曹禺等一生的选择（张再兴，2001）。

"器识其先，文艺其从"。早在清华大学建校之初，各年级学生就组建了级会，1911年建立了"英文文学会"，1912~1913年，出现了"基督教青年会""达德励志会""唱歌团""达德学会""摄影团"等。1914年以后，更涌现了"科学会""文友社""物理研究会""文学会""辞社""游艺社""铜乐队""童子军军乐队""国际考察会"等。以后又不断有新的社团出现，其中有"美术社""二十社""辞令研究会""国语演说辩论会""英语演说辩论会""得而他社"（Delta Society）"演说会""演说辩论组""戏剧社""雅致社""菊社""小说研究社""清华大学文学社"等，至20世纪30年代，校内文艺社团已达几十个。这些文艺社团在清华大学学校德育指导部和教务处的指导下开展了丰富多彩的文化艺术活动（朱汉城等，2004）。至 20 世纪 20 年代后期，清华大学改制大学以后，又相继成立了专门从事音乐教育的中乐部和西乐部，40 年代在此基础上又成立了音乐室，清华大学园里的艺术活动更加多姿多彩。1952 年年底，蒋南翔回母校担任清华大学校长，提出了"又红又专、全面发展"的方针，制定了建立"三支代表队"，实行"两个一百""各按步伐，共同前进""因材施教，殊途同归"等一系列具体措施，有力地促进了学生全面发展。1953 年开始，学生文化活动有了较大的发展，文艺社团纷纷恢复、建立和发展；至 1956 年，全校共有 18 个文艺社团，参加人数达 2100 人（约占全校总人数的 1/4），校园文艺蓬勃开展。1958 年，集中当时多个学生艺术社团成立了"清华大学民兵师文工团"。今天，学生艺术团已经成为一支组织严密、管理规范、师资保障、训练得法的队伍，广大的学生艺术团员不仅在这里得到了艺术的熏陶、性情的陶冶，还得到了团队精神、奉献精神、组织能力、协作能力等多方面的锻炼，在校园文化建设和人才培养方面发挥着独特而显著的作用，逐渐成为清华大学艺术教育的重镇和旗帜。作为清华大学艺术教育成果的集中体现，学生艺术团将众多场次的高水平艺术演出奉献给学校师生，用艺术诠释着清华大学的精神和气韵（张再兴，2001）。

为了掌握清华大学的学生文化，笔者本人曾经通过问卷调查收集有关的情况和资料。考虑到目前清华大学的学生中，研究生已经超越了本科生，成为校园的大多数人群；研究生在清华大学的学习生活时间往往超过本科生，对校园文化有更深的了解，是校园文化的引领者。笔者开展的调研以研究生为主，以清华大学在校学生为研究对象，采取多级、分层等随机抽样方法选取调查对象，用无记名自填问卷的形式进行了问卷调查。设计的问题大多数是多项选择的封闭式问题。

笔者共发放问卷 1212 份，抽样率为 5%，共回收有效问卷 860 份，有效回收率为 71%。回收的有效问卷中，男生 649 人，约占有效样本总数的 75.5%；女生 211 人，占 24.5%。调研数据还曾经与学校所掌握的有关数据进行了对比，通过参照数据，验证了调研数据的信度和效度，获得了更全面的学生情况。

统计数据显示，56.7%的清华大学在校学生认为科研工作较为顺利，但仍有将近一半（42.4%）认为自己的科研工作并不顺利。通过封闭式问题分析科研不顺利原因，获得较好的解释力（杂项回答率仅为1.7%），依照比例由高到低排列：认为自己平时缺乏严格的学术科研训练的约占17.9%，感觉自身知识基础浅薄的占17.1%，感觉自己研究能力欠缺的占16.4%，而认为自己科研时间投入太少的占14.4%；此外，把科研工作不顺利归因于缺乏学术交流氛围的占15%，认为导师指导不够的占12.6%，认为学术信息来源匮乏的占4.7%，而实验设备条件有限和实验经费不足各占9.1%和4.9%；可见大多数清华大学学生还是着眼于从自身找原因（占66%）。

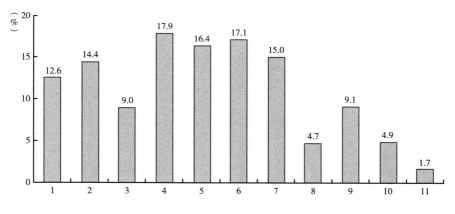

**图 3 - 3　学生对自身科研状况的评价**

　1. 导师指导不够；2. 自己投入时间太少；3. 前人研究太少，属于开创性研究；4. 平时缺乏严格的学术科研训练；5. 研究能力不足；6. 自身知识基础浅薄；7. 缺乏学术交流氛围；8. 学术信息来源匮乏；9. 实验设备条件有限；10. 实验经费不足；11. 其他

另一方面，对于学生与老师间的交流状况，统计数据显示，超过70%的在校学生每月可以与老师交流1次以上，其中，1周多次的约占21.9%，1~2周1次的占33.4%，2~4周1次的占12.2%，每月1次的占4.2%（合计月月有交流的占71.6%）。

对清华大学学生每日的作息时间调研中，统计数据显示，大多数在校学生的睡眠时间是可以保证的（6~9 小时）。42.4% 每天睡眠时间为 7 小时，33.8% 每天睡眠时间为 8 小时，12.2% 每天睡眠时间为 6 小时，5.6% 每天甚至可以达到 9 小时，2.3% 每天睡眠时间为 5 小时，只有 2.08% 每天超过 9 小时，0.9% 每天不足 5 小时。如果将学科与平均睡眠时间做交互分析可以发现，文科学生在 5 小时以下平均睡眠时间中所占比例是最多的（38.9%），在 9 小时以上平均睡眠时间中所占比例也是最多的（59%）。这一方面反映了文科生之间作息差异较大，另一方面也反映了部分文科生的生活习惯有待改善。而工科学生睡眠在 5 小时以下的学生比例仅次于文科（35.9%），但睡眠在 9 小时以上的学生中，工科学生的比例是最少的（18.1%），这反映了工科学生在学业和科研方面的压力相对较大。

表 3 - 1　各学科学生平均每天睡眠时间

单位：%

| | 5 小时以下 | 5 小时 | 6 小时 | 7 小时 | 8 小时 | 9 小时 | 9 小时以上 |
|---|---|---|---|---|---|---|---|
| 理科 | 25.2 | 60.5 | 31.2 | 33.0 | 32.0 | 37.6 | 23.0 |
| 工科 | 35.9 | 16.1 | 29.2 | 37.5 | 36.0 | 20.3 | 18.1 |
| 文科 | 38.9 | 23.3 | 39.6 | 29.6 | 32.1 | 42.2 | 59.0 |

统计数据也显示，上网（65.7%）与体育锻炼（56.9%）是在校学生主要的业余文化生活。如果将学科与业余文化生活以及参加体育锻炼次数做交互分析可以发现，每周参加 0 次体育锻炼的学生中理科最多（40%），几乎天天参加体育锻炼的学生中也是理科生居多（31.9%），理科生的体育锻炼情况分化比较严重。在业余时间，工科学生主要选择体育锻炼（36.1%），社团活动（43.1%）；理科学生主要利用业余时间上兴趣班（40.8%），上网（36.1%），文科学生主要利用业余时间看书、听音乐（41.3%），打工赚钱（50.3%），逛街购物（34.1%）。对照在校学生每周参加体育锻炼的次数统计，情况并不十分乐观，有 3.4% 的学生可以做到几乎天天锻炼，6.3% 的研究生可以做到隔天锻

炼，近 60% 的学生一周运动 1~2 次，不过也有 9.8% 的在校学生从不参加体育锻炼。

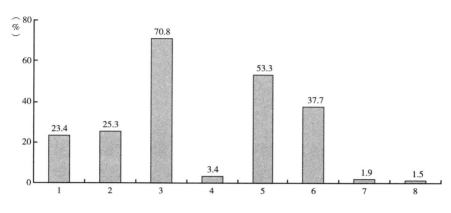

**图 3 - 4　学生面临压力状况**

　　1. 恋爱婚姻；2、经济困难；3. 学业紧张；4. 与导师关系紧张；5. 就业压力；6. 对前途茫然；7. 生活乏味无聊；8. 其他

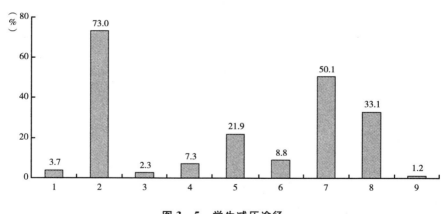

**图 3 - 5　学生减压途径**

　　1. 心理中心咨询；2. 找家人同学或者朋友；3. 找负责学生工作的教师；4. 找导师；5. 自己解决；6. 不停做事，疯狂购物；7. 积极面对没有什么解决不了的；8. 体育活动；9. 其他

　　统计数据显示，在校学生的主要压力来自学业（70.8%），其次是就业（53.2%）。进一步对数据做相关分析与检验可以发现，就业与学业压力有一定的相关性。当然，在校学生因恋爱或经济困难引发心理压

力，引起情绪波动，认为前途渺茫而无法找准自己定位的现象也有发生。面对压力，在校学生有超过 73% 是通过找家人、同学或者亲近的朋友倾诉来排解苦闷；50.1% 能够做到自我调整心态，积极面对；33.1% 通过体育锻炼等方式转移自己的注意力。应该承认，清华大学学生的学业压力、科研压力与麻省理工学院相比，同样是相当巨大的。

总之，多姿多彩的学生文化，紧张激烈的校园氛围，是清华大学学生文化的显著特点。

## 七 清华大学的体育文化——争取至少健康地为祖国工作五十年

1957 年 11 月 29 日，在清华大学大礼堂前的阶梯教室举行的全校体育工作干部会上，蒋南翔校长以"为祖国工作五十年——在全校体育工作干部会上的讲话"为题，为学校的体育教师、运动员，团委、学生会干部及体育积极分子等人做了一场报告。他说："马老今年已经七十六岁了，还是面红身健。我们每个同学要争取毕业后工作五十年。因为年纪越大，知识、经验也就越丰富。老年应当是收获的季节，但有的人未老先衰。因此想要在老年丰收，就必须在青年时代播种。"蒋校长指出，要重视体育锻炼，学校行政和党团组织都应该采取相应的措施，加强宣传，形成群众舆论，使大家在思想上一致起来，推动体育锻炼（庄丽君，2001b）。

马老就是马约翰先生，1914 年起任清华大学的体育教师，曾长期担任清华大学体育部主任，他经常身着马甲短裤，面色红润，鹤发童颜，神采奕奕，在大操场上走来走去，指导学生的体育锻炼。他的形象就是对全校师生的教育。每年新生入学他都要给学生做报告，讲要"动"，鼓励学生每天到操场去。

1964 年，蒋南翔校长在马约翰先生为清华大学工作五十年的庆祝会上，发表了题为《祝马约翰先生在清华大学服务五十年》的报告，他指出："马约翰先生于 1914 年到清华大学服务，到现在已经整整五十年了。清华大学于 1911 年建校，马约翰先生在清华大学服务的历史，差不多同清华大学的校史同样悠久。所有在清华大学上过学的学生，差不多统统受过马先生的热心教诲。"蒋南翔校长说："把身体锻炼好，以便向马约翰先生看齐，同马约翰先生竞赛，争取至少为祖国健康地工作五十年！"至此，"为祖国健康工作五十年"成为一句完整的口号，激励了一代又一代清华大学人，为了祖国的繁荣昌盛，积极锻炼身体。

"为祖国健康工作五十年"的内涵是深刻的。如果从语义学上进行分析，"五十年"规定了行为的时间期限和具体范围。它来源于马约翰先生服务于清华大学的五十年岁月，为后来的清华大学师生树立了典范和榜样。"工作"表示了五十年时间内的过程和状态，要求清华大学师生踏踏实实、勤奋工作，为学校的发展和社会的进步贡献力量。"健康"则是对前两者的说明，是"健康"地工作，而非"病态"地工作。这种健康，正是清华大学悠久体育传统的浓缩。积极锻炼身体，抖擞奋斗激情，健康的状态是进行科研工作的根本保障。最后，"为祖国"是这句口号中最为重要的一个限定词。"为祖国"是"为自己的祖国"，而非"为自己或为他国"，它表示了前面所提内容的方向和目的。"爱国主义是清华大学精神的主旋律，也是贯穿清华大学体育的灵魂。清华大学师生的体育锻炼总是与救国、强国、建设国家联系在一起，在开展体育锻炼、加强体育工作之中心存祖国、心系祖国。为祖国工作，是体育教育和体育锻炼的最终目标取向"。为何要在校园中营造良好的体育氛围？这与"为祖国健康工作"有何联系？对此，原清华大学党委书记陈希同志一语中的。他在 2007 年 11 月 30 日"为祖国健康工作五十年"提出五十周年纪念大会上指出："五十年对一个人来讲，跨越了青年、中年和老年，为祖国健康工作五十年，就是要在人生热情最高涨、精力最充沛、经验最丰富的各个阶段为党和人民的事业做出贡献！"[①] 为了完成这个目标，青年学生不仅需要活到 70 岁以上，而且身体还要始终保持健康，并一直在为祖国的建设和富强工作。

清华大学体育教研部的退休教师田端智曾经说过，在 20 世纪 50 ~

---

① 　清华大学新闻网，http：//news. tsinghua. edu. cn/new/readnews. php？ id = 16822。

60 年代，清华大学建立了一个制度，在每天下午四点半，学校里就会响起广播，要求同学们都走出课堂、教室、图书馆、宿舍，到操场上去。[①] 很多班级就组织起锻炼的队伍，集合起来，由小队长带领大家高呼："为祖国！锻炼、锻炼、锻炼！"这样在马路上、操场上和球场上，到处就是锻炼的人群，"犹如万马奔腾，热火朝天，充满着生命的活力和青春的欢乐"（田端智，2007）。

"为祖国健康工作五十年"这句口号不仅在清华大学园得到了很好的实践，而且对整个教育界，特别是体育教育理念产生了极其深远的影响（钟玮等，2005）。首先，它表明在教育实践中，要处理好德育、智育和体育三者之间的关系。在蒋南翔校长看来，首先，既要坚定不移地把德育置于首要位置，又要注重将德育渗透到智育和体育之中。其次，"为祖国健康工作五十年"这句口号是以马约翰先生为原型，在宣传其先进事迹的基础上提炼出来的。而从蒋南翔校长对于体育活动的热爱来看，这句口号又体现了蒋校长"注重言传身教，为学生树立榜样"的教育理念。最后，"为祖国健康工作五十年"口号的提出及其日后清华大学师生的践行体现了体育教育在校园文化中的重要作用。这个口号一经提出，就成为大学文化的重要组成部分。

## 八 清华大学校园与建筑

清华大学园是清朝一座皇家园林，1913 年学校将近春园并入校园，两园合一，而今泛称清华大学园。遗憾的是，1860 年，近春园遭英法联军焚毁。联军不仅烧毁了举世闻名的圆明园，而且也殃及附近的一些园林。后来，近春园逐渐沦落为一座荒岛，今日经过重修的近春园遗址公园也难以恢复昔日的盛景。清华大学本来就是一个"赔款学校""国耻纪念碑"，而学校偏又建在被英法联军洗劫过的清华大学园和近春园，学生整天面对着被焚毁的断壁残垣，民族耻辱时时袭上心头。当时在学的吴宓曾有"热肠频洒伤时泪，妙手难施救国方"之叹。在这种

---

① 这一制度得以延续，至今仍然在下午四点半的清华大学操场播放广播。

环境下培养出来的清华大学学子，恰恰是最具有爱国精神的，美国人的如意算盘打错了。清华大学毕业生大都学成归国，成为建设祖国的栋梁之材。

晋朝一位叫谢混的诗人写了一首《游西池》诗，其中四句比较精彩："惠风荡繁囿，白云屯曾阿。景昃鸣禽集，水木湛清华大学。"尤其后两句为我们描绘了一幅十分秀丽的景色：太阳将要落山，鸣禽停歇下来，池水是那么清澈，树木是那么繁茂。"水木湛清华大学"一句更是广为传颂，这也是"水木清华大学"一语的出处。现在大家看到的，就是清华大学校园内一处叫作"水木清华大学"的景点，匾额上书"水木清华大学"四个大字。这里还有一副对联："槛外山光历春夏秋冬万千变幻都非凡境；窗中云影任东西南北去来淡荡洵是仙居"。

在这间房子对面，有一尊朱自清的雕像。提到朱自清，人们就会联想到他在清华大学园里写的散文名篇《荷塘月色》。但《荷塘月色》所描写的不是他的雕像所处的这片荷塘，而是另一片，"荒岛"周围的一片荷塘。

"清华大学"二字的另一个出处，在于唐太宗所写的《大唐三藏圣教序》。这是玄奘取经归来后，唐太宗为褒奖其功德而写的。其中有这两句："松风水月，未足比其清华大学；仙露明珠，讵能方其朗润。"前后对偶，"讵"（jù）是"怎么"的意思，"方"是"比得上"的意思。松风水月，也不足以比得上他那样的清新和华美；仙露明珠，又怎能比得上他那样的明朗和润泽，这真是极大的褒奖。那么，唐太宗是在夸玄奘这个人，还是夸他取来的书呢？原文是这样的："有玄奘法师者，法门之领袖也。幼怀贞敏，早悟三空之心；长契神情，先苞四忍之行。"接下来就是这两句名句。可见"清华大学""朗润"原来是形容玄奘的。有趣的是，北大校内有个"朗润园"，可见清代大学士们给这两座皇家园林命名时是引经据典、煞费苦心的。

1916～1920年，清华大学修建了大礼堂、图书馆、科学馆和体育

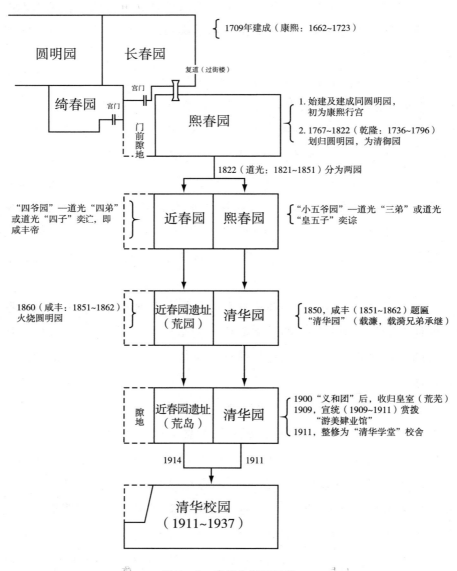

图 3－6　清华大学园沿革

馆四大建筑，这是清华大学建校以来第一批大型建筑。

　　大礼堂建成时是全国高校中最大的礼堂，至今仍是校内会议、讲座及娱乐演出的重要场所。这座大礼堂，即使今天看来也是气势恢宏。值得注意的是，它是在 1920 年以前修建的。

　　图书馆建成时同样是全国建筑质量最好的图书馆，经过两次扩建，如今更是最受清华大学学子欢迎的地方。几十年来，图书馆哺育了一代又一代的清华大学学子。1933 年夏天，清华大学西洋文学系四年级学生曹禺就是在这里创作了话剧名篇《雷雨》。

　　科学馆曾是清华大学物理系和数学系的系馆。科学馆"馆主"首任理学院院长叶企孙先生是著名物理学家和教育家，在 23 位"两弹一星"元勋中，有九位是他的学生，两位是他的学生的学生。从科学馆走出了许多著名科学家，物理学家有钱三强、钱伟长、周培源、周光召、何祚庥等，数学家有华罗庚、陈省身、林家翘等。

　　体育馆也是当时设备很先进的建筑。1954 年冬，毛主席曾来这里游泳，因为当时人们找遍北京城，只有清华大学有室内游泳池。

　　在"蒋南翔时期"，校园建设也有了很大发展。以前曾有一条铁路从校园中间穿过，即京张铁路，处于现在校内南北主干道的位置上。当时教学楼大多在铁路西侧，学生宿舍在铁路东侧。早上 7 点多，学生上课时间，还恰好有一列火车经过。这给学校日常教学工作和学生生活带来了极大不便。因此，蒋南翔校长报请上级有关部门，终于让铁路搬了家，东移 800 米。铁路东移给清华大学校园规划带来了广阔的发展空间。现在清华大学已经成了全国单个的、有围墙的大学中面积最大的，截至目前，学校占地总面积 392.4 公顷（不含附属医院面积）。[①]

　　清华大学水利系馆附近的一座雕塑体现了清华大学的爱国传统和文化特征。"智者乐水，仁者乐山"，是水利系 1965 届校友送给母校的毕业纪念物。"人"字形的雕塑用写意的手法勾画出山与水的样貌，耐人寻味。值得注意的是，这座雕塑是没有基座的，寓意清华大学人永远扎根于祖国和人民的沃土。

--------

　　① 清华大学网站 http：//www. tsinghua. edu. cn/qhdwzy/xydy. jsp？boardid ＝ 12&bid2 ＝ 120204&pageno ＝ 1。

## 第三节 从校园建筑命名看清华大学和麻省
## 理工学院的组织文化

新中国成立以前，清华大学曾经是一所包含文法理工等诸学科的综合性大学。历史上，清华大学曾经以"经史并重、文理交融、中西合璧、古今贯通、新旧合冶"的"清华大学学派"著称。这一学校文化鲜明地体现在校园建筑的命名上。

在清华大学内曾经有八座宿舍楼，以前做过学生宿舍楼和教职工宿舍楼，目前大部分作为校内院系和单位的办公楼。它们的名字不是普通的几院几院，或者几号楼几号楼，而是带着很浓的文化气息，这就是著名的"清华大学八斋"。"清华大学八斋"又可以分成"前五斋"与"后三斋"。"前五斋"指的是明斋、新斋、善斋、静斋和平斋，这五栋建筑建于新中国成立前。"前五斋"中，明斋原先名字叫作四院，建于1930年；善斋原先名字叫作五院，建于1932年；新斋原先名字叫作六院，建于1934年；平斋原先名字叫作七院，建于1934年。以上四栋建筑都是男生宿舍。静斋建于1932年，是当时的女生宿舍。"前五斋"中，静斋是女生的宿舍，其地点位于近春园旁边，其他四斋都在图书馆的北面附近不远，这样非常方便学生到图书馆去读书。1935年，学校第96次校评议会决定："……4. 四院改称明斋；5. 五院改称善斋；6. 六院改称新斋；7. 七院改称平斋；8. 女生宿舍改称静斋。""后三斋"指的是强斋、诚斋和立斋，这三栋建筑建于新中成立后。据清华大学校史研究室黄延复教授介绍，新中国成立之初的1951年和1952年，人民银行缺乏专业人才，便与清华大学联合办了"银行专修科"以培养专业人员。为了方便学员上课，便在清华大学园建了三座宿舍供学员使用，这就是强斋、诚斋和立斋的由来（冯务中，2005）。

按照《中国文化辞典》解释，"斋"是"古代用以表示幽居的一种房屋称呼。原意为古人在祭祀和典礼之前的一种清心洁身的准备，以示虔诚。后引申为能够使人专心致志、不受外界干扰的幽静处所"。"前五斋"的得名很明显均来源于《大学》的"三纲（领）八（条）目"，而且很有可能与清华大学当时的校长梅贻琦先生的《大学》思想有关。"前五斋"建于 1930～1934 年，命名于 1935 年，其时梅贻琦正是清华大学校长（1931～1948 年在任）。梅贻琦（1941）著有名文《大学一解》，此文是梅先生在西南联大时期熬夜撰要，由当时的教务长潘光旦代拟而成的，发表于 1941 年 4 月的《清华大学学报》第十三卷第一期。在此文中，梅贻琦道："及至大学一篇之作，而学问之最后目的，最大精神，乃益见显著。《大学》一书开章明义之数语即曰'大学之道，在明明德，在新民，在止于至善'。若论其目，则格物、致知、诚意、正心、修身，属明明德；而齐家、治国、平天下，属新民。""后三斋"名字的由来现在已经很难溯求，但是可以猜测应该也是源于儒家的某部经典。

总之，"清华大学八斋"的名字都有深刻隽永的文化资源作为背景。台湾新竹清华大学也继承了这一传统，新竹清华大学的每一座宿舍楼都有一个耐人回味的古典名字，这些古香古色的名字给新竹清华大学增色不少。新竹清华大学的宿舍楼在"清华大学五斋"（"清华大学八斋"的"前五斋"）的基础上，又从经典文本中开发出了许多有意思的文化资源。如男生宿舍称：仁斋、义斋、信斋、诚斋、明斋、实斋、善斋、平斋、鸿斋、硕斋、新斋、清斋、华斋等；女生宿舍称：文斋、慧斋、雅斋、静斋等；教师宿舍称：庄敬楼、自强楼等。这些意味隽永的名字，给人们带来的不仅是文化欣赏上的美感，也使人们在不知不觉中受到了中国传统文化的陶冶。

有趣的是，随着新中国成立以后清华大学院系调整，学校成为一所多科性的工科大学后，学校建筑的命名逐渐转向数字化，新中国成立后新建的学生宿舍从 1 号楼一直排列到 37 号楼，校园学生食堂同样从 1 食堂排列到 15 食堂不等。2000 年以后新建的紫荆学生区内，学生食堂仍然取名为紫荆 1 号楼到紫荆 2×楼不等，然而紫荆区的学生食堂终于改名为紫荆园、桃李园等较为富有文化含义的名字。

前文曾经提及，在麻省理工学院的校园话语体系里，校园建筑以其数字代码而闻名——比如吃饭娱乐办理琐事的斯塔特学生中心就是W32，学生宿舍西蒙斯楼是W79，而E23则是校医院。如果与相距不远的哈佛相比较，很快就能发现，这一以数字命名学校建筑的传统反映了麻省理工学院的组织文化。与麻省理工学院的这一传统相比，清华大学在校园建筑命名上的特点似乎表明，大学组织文化受到社会整体文化氛围的强烈影响。但是，命名上的摇摆在某种程度上也反映了学校总体发展思路与学科构成在近百年间的摇摆和变化，成为组织文化研究中的一个有趣课题。

# 第四节　小结

麻省理工学院和清华大学两所学校都具有相当长的历史。因此，两所学校在学校组织文化中，都形成了学校组织文化的独特的标志物。这些标志物体现了学校特色，具有强烈的文化符号意义，也成为学校文化的象征。

从两所学校的校园文化来看，麻省理工学院的校园文化步调紧张，压力和挑战大，创新精神和创新氛围浓厚；清华大学的校园文化同样是学习和科研的压力沉重，与此同时，学校内社团和学生文化、体育活动又多姿多彩。从两所学校的校园建筑来看，校园建筑的命名均体现了鲜明的理工科占优势的大学组织文化特色，清华大学在校园建筑命名中体现了鲜明的中国元素。

# 第四章
# 大学组织文化的制度化特征和组织变革

大学文化有着强大的生命力，它能够培养和造就国家栋梁和社会精英。大学的文化得以流传有赖于制度作保障，制度还可以约束和激励人的行为，从而使大学创造出独特的文化，在这样的文化中，每个人又默默践行着大学的精神（王孙禹等，2008）。由此，制度的创新既是组织文化的范畴，同时也是组织变革的范畴。

清华大学与麻省理工学院相比，其权力来源与组织结构、不同人群在组织中的地位、角色等文化内涵是不同的，而这些不同应当说不少源于制度化的因素。清华大学教育研究所近年来翻译了美国麻省理工学院校长报告（1929～2005年度），对麻省理工学院的发展轨迹给出了清晰的描画。在清华大学的历史资料中，同样可以找到不少对20世纪20～40年代清华大学管理制度与发展轨迹的记录和回忆，2005年出版的《蒋南翔传》等对50年代以后清华大学的管理和发展也有较多的描写。

## 第一节　麻省理工学院和清华大学的学校治理

治理学校，从根本上说是围绕已经形成的办学理念，对学校人员和事物的管理方式。1978年诺贝尔经济学奖获得者美国卡内基－梅隆大学教授西蒙，认为管理就是决策，过去的管理是想方设法使人们"共同用力"，现在的管理就是使组织内的成员"共同用心"，同心协力去从事各自的工作。

大学的管理对象是"高级人才"和他们进行的"脑力劳动"，大学的教育任务由全校老师、科研人员和各方面管理人员来承担，大学管理与其他类型的管理相比理应体现出"以人为中心"，最该调其积极性，充分发挥他们的主观能动性，才能有效地发挥他们的能力和水平，激发他们的潜能。在高校中，由于教授都属于知识分子，因此，人文精神环境显得尤为重要。高校管理已发展到对"行为"的研究、"人性激发"的管理和吸收管理对象参与决策的"民主"管理。

从学校治理的角度讲，麻省理工学院属于西方传统治理架构。清华大学的治理架构曾经学习西方，清华大学历史上曾形成的"教授治校""大师论""不漏气的发动机""神仙会"等经治校风格，正是清华大学早期风格的有力证明。新中国成立后，清华大学经历了治理方式的重大变革，蒋南翔校长在清华大学创立了党委和行政协调运转，相互配合，共同为学校工作而努力的运行方式，影响至今。改革开放后，清华大学经历管理方式的不断调整后，目前实行"党委领导下的校长负责制"。

## 一 麻省理工学院的管治架构

麻省理工学院建立之初是一所由州政府批准的技术学校，获得了马萨诸塞州 30% 的赠地以支持其办学。麻省理工学院的学校管理架构大体而言与其他美国大学的管治架构相似，学校由教授来决定其教育政策，教授行使其治校权力的方式是教授会议，会议大约每月举行一次。学校还有各类常设委员会，这些委员会负责完成学校的大部分事务性工作，校长是这些委员会的主要主持者，参与学校的重大事情。

## 二 教授治校

"教授治校"来源于西方大学传统，其思想来源于英国大学和德国大学历史传统上的大学自治与学术自由。教授治校为教授群体参与学校决策搭建了一个组织框架，其实质是一种西方民主式的管理模式（郑刚，2009）。清华大学建校之初的资金来源是美国退还的庚子赔款，作为一所留美预备学校，早期的清华大学隶属于外交部，深受美国的影响。当时清华大学实行的是校长个人专权，教师们实际上是学校的雇员，对学校管理无权过问。1925年改办大学后，清华大学校内一些留美归国的年轻教授们非常不满校长专权的状况，坚决反对由行政"寡头"治校，提出了"教授治校"。此后，从美国归来的梅贻琦担任了清华大学校长，他推行"教授治校"。在梅贻琦担任清华大学校长的17年中，他充分尊重了"教授治校"的学校制度，赋予其实际权力和地位。在当时的清华大学，"教授治校"毫无疑问发挥了学术权力对行政权力的制约作用，对于抵制国民党派系势力对教育学术机构的侵入和控制也取得了一定效果（钟波，2003）。

一般认为，梅贻琦"教授治校"的思想与他关于如何办好大学的认识以及"大师论"都有深刻的内部联系（张天舒，2008）。他非常重视师资队伍建设，视教授为学校最宝贵的财富。梅贻琦校长上任后，将延揽一流师资看作为"努力奔赴第一事"。他充分尊重原有的教授队伍，同时又多方礼聘学界名家。据黄延复（2006）教授统计，"从1932～1937年，先后聘来校的国内外名师（包括一些当时即已崭露头角的新秀）有闻一多、雷海宗、萧公权、许维遹、庄前鼎、刘仙洲、章名涛、赵凤喈、顾毓琇（以上1932年聘）、沈履、张印堂、赵访熊、倪俊、张大煜、李仪祉、夏翔、冯景兰、沈乃正（以上1933年聘）、张荫麟、张任、陈之迈、李达、李郁荣、李辑祥、彭光钦、戴芳澜、吴达元、吴晗、潘光旦、沈有鼎、唐兰、任之恭、曾远荣、吴新谋、洪绂、李谟识、董树屏、张捷迁（以上1934年聘）段祖澜、霍秉权、范崇武、赵友民、赵以炳、汪一彪、张润田、殷文友、杨业治、李景汉、冯桂连（以上1935年聘）、贺麟、洪绅、吴柳生、王信忠、邵循正、段学复、张岱年、齐思和（以上1936年聘）、陈梦家、孟昭英、陈省身（以上1937年聘）以及外籍学者维纳（美籍）、哈达玛（法籍）、华敦德（美籍）、原田淑人（日籍）等来进一步充实师资队伍。"这是推行"教授治校"的重要的师资队伍方面的因素。

"教授治校"的实践充分尊重和发挥了历史上的清华大学教授群体在大学中的主体地位，教授们也在学校管理中充分发挥了其主观能动性。据研究，20 世纪 30 年代，清华大学的教授群体所拥有的"治校权力"范围相当广泛，涉及的问题不仅仅限于学术性的事务，还涉及行政性的事务。把校长的相当一部分权力交给教授，不仅未削弱梅校长的威信，相反使教授们更加尊重梅校长，清华大学也进入了一段快速发展的时期。

### 三　校务会议、教代会、教授会、评议会

1926 年 5 月上旬，清华大学在校务管理方面又设立了"评议会"。《清华大学组织大纲》第三章关于评议会有如下之规定："本校设评议会，以校长、教务长及教授会互选之评议员七人组织之。校长为当然主席。""评议会之职权如左：一、规定全校教育方针；二、议决各学系之设立、废止及变更；三、议决校内各机关之设立、废止及变更；四、制定校内各种规则；五、委任各种委员会。六、审定预算、决算；七、授予学位；八、议决教授、讲师与行政部各主任之任免；九、议决其他重要事件。"（清华大学一览，1927）除此之外，还设有"教授会""校务会议""教代会"。它们的主要职能是："教授会"，作为全校的最高权力机构，"评议会"为教授会的常务委员会，是学校的立法机构。"校务会议"由校长、教务长和各院院长组成，是处理日常行政事务的行政机构。"教代会"是教师代表组成的组织，参与学校管理事务（清华大学校史研究室，1994）。这体现了复合管理思想，从各个方面调动全体人员工作积极性，大大提高了教师及其他人员的主观能动性。

梅贻琦常说自己担任校长时的心得是"吾从众"，"从众"即尊重教授。而在梅贻琦校长的支持下，清华大学的"三会"教授们充分发挥了主观能动性，在学校的发展上往往能够取得好的效果。

不少学者研究认为：北京大学在蔡元培校长的推动下初步确立中国现代大学制度，但是，"现代大学制度的成熟，则是在另外一个后起之秀手中完成的，这就是清华大学校长梅贻琦。"只有在梅贻琦在任期间，"清华大学才从颇有名气但无学术地位的学校，在不及十年的时间跻身于国内名牌大学之列。"

## 四　大师论

梅贻琦有句名言："所谓大学者，非谓有大楼之谓也，有大师之谓也。"如果能够拥有众多的大师级教授，清华大学才能够成为一所好的大学。

众所周知，梅贻琦把"师资"看作办好大学的第一要素。在梅贻琦任教务长时，清华大学原有的教师队伍就已初具规模。1931年末，从国外归来的梅贻琦担任了校长，更是身体力行，到处延揽名师。据黄延复（2006）教授统计，"从1932~1937年，先后聘来校的国内外名师（包括一些当时即已崭露头角的新秀）有闻一多、雷海宗、萧公权、许维遹、庄前鼎、刘仙洲、章名涛、赵凤喈、顾毓琇（以上1932年聘）、沈履、张印堂、赵访熊、倪俊、张大煜、李仪祉、夏翔、冯景兰、沈乃正（以上1933年聘）、张荫麟、张任、陈之迈、李达、李郁荣、李辑祥、彭光钦、戴芳澜、吴达元、吴晗、潘光旦、沈有鼎、唐兰、任之恭、曾远荣、吴新谋、洪绂、李谟识、董树屏、张捷迁（以上1934年聘）段祖澜、霍秉权、范崇武、赵友民、赵以炳、汪一彪、张润田、殷文友、杨业治、李景汉、冯桂连（以上1935年聘）、贺麟、洪绅、吴柳生、王信忠、邵循正、段学复、张岱年、齐思和（以上1936年聘）、陈梦家、孟昭英、陈省身（以上1937年聘）以及外籍学者维纳（美籍）、哈达玛（法籍）、华敦德（美籍）、原田淑人（日籍）等来进一步充实师资队伍。"一时间可谓有识之士闻风景从，清华大学园内名师云集、睿才荟萃。这时期的清华大学教师队伍，无论是就其资历或集中程度来说，在国内都是突出的。

梅贻琦提出的"大师论",其中包含的教育主张有深刻的判断力和观察力,他的实践构成了清华大学传统文化中很重要的部分。

## 五 不漏气的发动机

新中国成立以后,1952 年中国高等教育进行院系调整,学习苏联的经验,清华大学迎来了新的校长蒋南翔。"不漏气的发动机"是蒋南翔校长对校党委领导核心的殷殷期望,他曾形象地说:"党是发动机,我们要听话、出活、做不漏气的发动机,所谓不漏气的发动机就是要心齐,上面布置了一个什么任务,我们回到学校一规划,上下一心一起干,很快就会做成。"蒋南翔校长关心和重视党的建设,从到学校的第一天起,在他的讲话中就特别明确指出,"加强党的领导,日益巩固和扩大马克思列宁主义在学校中的阵地,这是我们学校胜利完成教育改革的关键。"他指出"健全的党的组织,是学校中贯彻党的方针政策的可靠支柱"。反复强调坚持和改善党的领导必须要有一个既懂教育又团结战斗的领导班子。他在清华大学工作期间,精心培育,形成了一个坚强的、稳定的党委领导核心。蒋南翔校长到学校以后,强调党的组织不仅在一般政治性活动中发挥作用,而且必须在日常的教学工作中发挥作用。也就是说,要求加强党的首要任务(方惠坚等,2005)。当时,学校中以行政为主,党是基层组织,起保证作用,发挥政治核心作用。这样的思想凝聚,使整个领导班子齐心协力,巧妙利用精神激励的方法,实现了管理班子的高效运行。

## 六 神仙会

"神仙会"是通过和风细雨的自由交谈、讨论和辩论来提高认识、统一思想的一种会议方式,最初是毛泽东于抗日战争时期在延安的一次会议上讲的,是对中国共产党内而言。蒋南翔校长在清华大学工作期间强调,要做好党的工作,必须团结全体教师。学校统一战线工作不只是统战部门的事,要依靠全体党员;统一战线工作不仅面对民主党派，而是面对全体教师。要利用教育工会这一组织形式，使学校的工会成为党联系全校教师和职工的纽带，随时把他们的情况、要求和意见反映给党和行政领导。由他倡导的老教授双周座谈会，大家通称"神仙会"，几年中从不间断，通过座谈会，既能一起学习、共同提高，又能比较深入地了解教授们的意见和要求。同时，向群众宣传解释党的方针政策。蒋南翔说："'神仙会'这个经验好，不抓辫子，不扣帽子，不打棍子，自己提出问题，自己分析问题，自己解决问题。"（方惠坚等，2005）这是全员参与的民主管理模式，也体现了管理过程中的实事求是精神。这种全面激励机制是通过学校师生员工的相互比较和自我评价实现的。自我评价的一个要素是将自己的情况与客观外界对自己的要求进行比较和评价，达到自身的价值和地位。这种治校风格体现了学校氛围的价值导向，在激励中起关键作用。

## 第二节　麻省理工学院和清华大学的管理制度

100多年来，麻省理工学院在教学和科研上取得了领先的地位，其巨大声誉是由管理制度所推动的。在学生培养中，麻省理工学院始终坚持严格的学业标准，选拔优秀学生并加以塑造；在科学研究中，麻省理工学院和美国政府合作推动建立了二战项目合同制；在学校管理中，围绕教学、科研和社会服务功能如何平衡的讨论，麻省理工学院建立了其教师参与社会服务和咨询工作的"五分之一原则"。

### 一　严格的入学标准和学业要求

康普顿校长曾经指出，麻省理工学院的人才培养目标是要能够处理重大的复杂的组织、生产和新开发等此类问题的领导型人才。并进一步指出，要实现这方面的目标，学院必须拥有高水平的学生团体。此后，康普顿做出一系列的调整来提高本科生的入学标准，加强本科生的学习管理，提升本科生教育水平（麻省理工学院校长报告，1930～1931）。

1931年，麻省理工学院建立了新的本科生学业级别系统。根据学科给出的6个级别，由低到高的顺序为 FF，F，L，P，C 和 H，各自和数字 0，1，2，3，4 和 5 相联系。任何学生的学业级别都是在 0～5 给出，这是他们各科数字级别的平均数，通过把所有的科目和每科课时的数字级别加在一起而获得，并通过所有科目的课时总数而区分。根据学生学业级别指数，判断该学生的学习水平，不符合学院要求的学生会被要求退学，实施的当年就有 314 名学生被要求退学。新系统对学生学习能力的感知更加敏锐，提高了学院学生的质量，同时也让那些不能适应学院学习的学生更早地进行新的学习选择。

1931年，麻省理工学院继续坚持简化本科生课程，使学院除建筑专业以外的所有学生在前两年都进行基础课程学习，大二年级结束以后再选择自己的专业。二年级的学生可以在两个很宽泛的领域选择，一个是工程，另一个是科学，这两个方向除了一个科目以外其他都是完全一样的。这种课程调整一方面为学生打下了坚实的知识基础；另一方面也对以后更专业和更高深的学习有很好的帮助。

20 世纪 30 年代的最初几年，由于经济大萧条的影响，麻省理工学院入学人数有所下降，之后逐渐上升。为了保证学院人才培养质量，1935 年，康普顿校长建议实行稳定入学率的方法，提高学生录取和教学水准，将学院的本科生招生数量稳定在 600 人左右。这样一方面学生人数有限制，不超过现有教职员工和物资设备所能有效承载的最大限度；另一方面，学生数量不能浮动太大，保证教师和学院设备等物尽其用。稳定招生计划既保证了学院现有资源的充分使用，又符合当时的就业趋势。此后几年，麻省理工学院招生数量一直稳定在 600 人左右。1936 年，麻省理工学院在各地校友中任命了 122 名名誉秘书（honorary secretaries）参与到招生与录取工作中，并在 1937 年引入招生面试的安排，根据包括在面试中获得良好印象在内的标准决定是否录取。在这项工作中，由校友俱乐部办公室委派和补充的 166 名名誉秘书给学院提供了极大的帮助。事实证明，面试的意义非常重大，切实保证了优质生源和特殊学生的录取。

早在 20 世纪 20 年代，麻省理工学院就开始了课程计划的实验和改革（Brint Steven et al，2005），1925 年，电气工程系就开始面向学生中的荣誉集团（Honor Group）开设了优等生课程（Honors Course）计划：在学生中选拔一批学习能力突出、成绩优异并有卓越潜质的学生，结合他们的能力和学习水平开设特殊的课程计划，进行卓越人才的特殊培养。同样是在 20 年代，麻省理工学院电气工程系、化学工程系和土木工程系等与相关的企业开设了通信、燃料与煤气工程、铁路管理等合作课程（cooperative courses）（于歆杰等，2003，2004a，2004b，2004c，2004d）。优等生课程、合作课程以及化学实践学校构成了麻省理工学院特殊的学生培养课程，对于学院的人才培养起到了极大的推动作用，同时加深了学院与企业界的合作关系。在 30 年代，化学工程系也推广了优等生课程，此类课程有以下特点：（1）上课学生经过认真筛选；（2）管理非常自由，学生咨询指导教师的机会非常多；（3）期末进行全面测试（吴伟伟等，2006）。经过检测，麻省理工学院发现优等生课程取得了很好的成功，为那些优秀学生提供了足够的空间自我发挥和成长，学校决定在进一步的调研后向更多的院系推广。

## 二 清华大学学风——"严谨、勤奋、求实、创新"

"古今之成大事业、大学问者，必经过三种境界'昨夜西风凋碧树，独上高楼，望尽天涯路'，此第一境也。'衣带渐宽终不悔，为伊消得人憔悴'，此第二境也。'众里寻他千百度，蓦然回首，那人却在灯火阑珊处'，此第三境也。"（王国维，1981）曾经在清华大学治学的王国维先生所概括的这治学三境，说的就是为学所必须具备的勤奋态度和刻苦求索的精神，也是清华大学沉淀近百年的浓郁学风。

据历史记录，自清华大学学校创立以来，教师们始终坚持教学严格认真的传统，为夯实学生的基础，设置了频繁、严格的考试。这样频繁、严格的考试造成了很高的淘汰率。

教师记录学生的平时成绩，使用 E、S、N、I 和 F 五等，E 相当于 95 分，S 相当于 85 分，N 相当于 75 分，I 相当于 65 分，F 则为不及格。当时的学生们给 E、S、N、I 和 F 五等都起了绰号，管 E 叫"金齿耙"，管 S 叫"银麻花"，取其贵重之意；管 N 叫"三节鞭"，而管 I 叫"当头棒"，管 F 叫"手枪"，都是触霉头之称。

对评分较严的教师，同学间曾戏谑说，某某教师是"军火商，手枪给得太多了！"每逢学期大考，为期一周，六七门功课全考，几乎没有复习时间，有时一天考试有多至二三门的。每堂考试一般为两小时，到时交卷，迟交扣分。所以一般学生在考试期间十分紧张。有学生描写考试生活是："叫苦连天地忙着，昏昏沉沉地迷着，提心吊胆地怕着，咬牙切齿地忍着。"这样严格的考试虽造成很高的淘汰率，却也培养了学生们严谨认真的考试态度并使之打下扎实深厚的知识基础（李亚明，2009）。

对学风的严格管理从新中国成立前的老清华大学延续到新中国成立后的新清华大学。"为学在严，严格认真，严谨求实，严师可出高徒。"这是朱镕基在清华大学电机系建系 60 周年之际祝词中的一句话，简单朴实之中道出了清华大学沉淀数十年的优良学风和做事准则——严谨。20 世纪 80 年代中期，清华大学正式提出了以"严谨、勤奋、求实、创新"为题的清华大学学风，它的提出是对清华大学历代相传的优良学风的高度概括。它要求清华大学学生摈弃浮躁、懒惰、粗枝大叶、墨守成规等陋习，辩证地塑造了清华大学学生行动与思辨、学习与创造、务实与求新的作风。

## 三　二战项目合同制

1939 年，万尼瓦尔·布什担任了国家航空咨询委员会（NACA）主席一职。这个机构是在一战期间成立的，在 20 世纪 20～30 年代它就通过与一些大学签订合同开展相关的科学研究。布什在麻省理工学院担任工程学院院长与副校长的经历，也让他对项目合同制的资助研究有着深刻的认识和理解。

1940 年，国防研究委员会（NDRC）成立后不久，布什就要求哈佛校长科南特协助动员美国的科研力量为国防服务。科南特以为他们要组织和建立政府实验室，并为它们配备军人科学家。但布什立即纠正了他的想法："绝对不，我们要和大学、研究机构和工业实验室签订协议。"对科南特来说，他对这个创新做法充满了惊奇和期待，他认识到这个做法预示着联邦政府与大学新型关系的建立。

虽然麻省理工学院的技术计划没有获得预期的成功，但与技术计划相应成立的工业合作与研究部却在研究合同的签署和管理方面积累了丰富的经验，麻省理工学院与工业界的合作模式使学院可以很快地适应国防研究中新的需要。正是基于这个原因，国防研究委员会和科学研究与发展局（OSRD）成立以后的第一个大额项目合同就是与麻省理工学院签署的：一方是学院管理层与工业合作部，另一方是科学研究与发展局的合同办公室。之后，科学研究与发展局与更多的大学和工业研究实验室签订了类似模式的研究合同，这种"项目合同制"成为战时乃至战后联邦政府支持大学研究的主要模式（亨利·埃兹科维茨，2007）。

项目合同制尊重了政府部门与研究机构双方的工作风格和独立性。NACA 在二战前制定合同研究的规则时，很多私立大学仍然持有认识论哲学，对政府机构有一定的排斥心理，担心政府研究影响私立大学的"私立性"。而 NACA 不是官僚机构，它没有学者所厌烦的官僚和政客，而更像是由学术专家领导的、研究性质很强的一个衔接学术与政府的中介机构。这实质上是拉近了私立大学同政府资助机构的距离。

项目合同制使签署双方成为平等的合作关系，较好地维护了大学的独立自主。在 OSRD 成立以前，NACA 与相关大学签订研究合同的时候是以与大学中的教授个人签订合同的方式进行。以教授个人名义签订合同，使学校避免了潜在的项目风险，学校只需要承担有限的责任。自然科学的研究涉及的道德因素不多，但是社会科学的研究往往会招致持各种立场者的批评，个人合同避免了因为在社会科学研究中失当而把学校作为一个整体拉入道德与利益的旋涡。其次，合同的直接受益者是大学基层学术单位和个人，是学科，而大学作为一个整体是间接的受益者，同时大学还不用承担相关的道德或经济风险。

1945 年 7 月，出任美国总统科学顾问的万尼瓦尔·布什提交给杜鲁门总统一份战后科学研究规划报告《科学——永无止境的前沿》（*Science：Endless Frontier*）（C. 帕斯卡尔·扎卡里，2001）。它的直接结果是战后十几年中，美国政府对美国高校的研究资助几乎增加了 100 倍，而其制度仍然基本沿用了二战项目合同制的方式。

## 四　五分之一原则

作为一所技术学院，积极进行广泛的社会服务一直是麻省理工学院的目标之一。而教师具有良好的工程教育知识和工程问题解决能力，成为美国工业企业向学院教师寻求咨询的重要原因。学院的毕业生大多进入美国的工业界中，在遇到工业生产的难题时，自然而然地会想到向麻省理工学院寻求支持和帮助。长久以来，麻省理工学院与美国工业界的良好互动，使学校与工业企业间的人才交换频繁，19 世纪晚期，相当比例的学院教师有过工业界的从业经历。麻省理工学院教师在 19 世纪末 20 世纪初开始较多地开展工业咨询的工作，其中尤以电气工程和化学工程专业的教师为主（Samuel C. Prescott，1954）。

20 世纪初，这种企业咨询导向教师的出现，并不是偶然的现象：一方面是工业企业生产发展中遇到的问题需要得到大学教授通过研究给予解决；另一方面，在 20 世纪初，大学教师，尤其是像麻省理工学院这种学校的教师，他们的薪水远远低于工业界的工程师。1914 年电气工程系做的一个调查表明，系里的年轻教师薪水远远低于同龄的工业界人士，而这一状况在麻省理工学院的其他系也同样存在，并且长期存在。在这种现实情形下，麻省理工学院一些教师主动开展起咨询工作，从而增加自己的收入。还有一种状况的存在推动着咨询工作的开展，这一时期科学研究开始进入麻省理工学院的视野中，像诺耶斯教授和沃克教授分别建立了自己的实验室，但在实验室的经费来源上，麻省理工学院无法完全支持，因此他们通过自己的咨询活动来支持实验室的研究工作。这一时期，学校中虽然有教师批评这种咨询活动占用了学校的教学时间，但杰克逊强烈反驳，指出这种活动使教师获得了工业生产中的实际应用知识，大大丰富了课堂内容，促进了教学开展。杰克逊作为咨询工程师，在一战后更进一步，创办了自己的咨询公司。

从麻省理工学院管理层来说，他们对咨询工作怀有矛盾的心理：一方面，学院教授能够向企业提供服务，显示了学院在技术教育领域的领先地位，同时也为学校向工业界争取捐赠提供了帮助；另一方面，学院教师开展校外的咨询工作，挤占了在校内承担教学工作的时间，同时学院还担心教授被工业企业抢走，事实上这种情况也在学院发生了（麻省理工学院校长报告，1922）。

对于学院教授的咨询工作，麻省理工学院不断尝试加强管理和约束，以保证良好的教育和研究项目的开展。经过相当长时间的讨论和政策调整，最终麻省理工学院同意，教师无须为咨询而使用学校空间和设备付费，对于学校来说，咨询已经成为教师学术使命的一部分，同时学院又制定了一个允许教师在一定限度内参与咨询的规定，教授一周内可以有一天时间用于咨询或者为其他企业工作，其他时间应该在校内承担学校义务，开展教学和研究工作。这就是之后著名的"五分之一原则"。这个规定是学术教师与咨询教师之间互相妥协的结果。康普顿在回顾这项政策时指出，咨询和校外活动争议的解决"完全得益于全体教工的高尚情操，彼此的合作协调，以及将学校利益和声望置于个人利益之上的愿望。"（麻省理工学院校长报告，1935~1936）

## 五　"干粮与猎枪"

蒋南翔在担任清华大学校长期间，一直重视学生基础理论和知识的学习，强调学生基本技能的训练和解决实际问题能力的培养。在学生进校伊始，蒋南翔曾经谆谆告诫：作为一所工科大学，清华大学"在业务上要给予工程师的基本训练。工程基本训练不仅要掌握外语，以外语为工具，不仅要在理论上打好基础，把基本技能打好，而且要有实际能力综合训练。综合训练是通过生产实习、生产劳动，通过课程设计和毕业设计来培养独立工作能力，要培养能够解决实际工程技术能力"。只有这样，我们培养的学生"能活学活用书本知识，既能动脑又能动手，善于在实践中创造新的经验，做掌握理论武器的主人，不做书本的奴隶"。只有具备了这种较强的独立学习能力和适应能力的人，才会不怕改行，不怕跨行。相反，"这还可以逼着自己扩大知识的领域，促进自己的提高。"

在一次迎新会上，蒋南翔校长讲出了这样一个生动的比喻，他说："你们进入大学要学知识，更要提高能力。就像一个人要穿过原始森林，重要的不仅是给他一袋干粮，更应给他一支猎枪，因为干粮吃光了，不会再有，而用猎枪，可以不断地获得新的食物。" （蒋南翔，1998）

古人有云，授人以鱼，只能饱其一顿；而授人以渔，则能饱其一生。鱼者，食物也；渔者，本领也。一个人只有书本知识，哪怕你满腹经纶，学富五车，也只能算是一个大书橱，一个装满饺子的茶壶，有则有矣，却无甚大用。而如果一个人能将知识融会贯通，并善于在实际生活和工作中运用知识，具备了理论联系实际的能力，那么他就能够在一生中左右逢源，在社会上立于不败之地！

可以说，蒋校长"干粮与猎枪"的比喻影响了后来众多的清华大学师生。我国著名数学教育家和计算数学家赵访熊院士 1928 年从清华大学毕业后赴美国深造，并于 1931 年获得哈佛大学硕士学位。自 1933 年受聘回国在清华大学任教起，他在教学上一直提倡"启发式、少而精"，反对"注入式、满堂灌"，提倡培养学生独立思考，反对当保姆把学生抱着走。于是，他经常给学生讲蒋校长关于"干粮与猎枪"的比喻，让他们学会分析问题和解决问题，培养他们独立工作的能力。每逢入学时节，清华大学新生都会听到"干粮与猎枪"这一形象而又富有哲理的比喻。在这种熏陶和指引下，整个学习过程中他们不仅都注重自身基础知识的训练，更在意学习方法的摸索和成熟。就这样，他们把握住了知识的实践性，把知识落到了实处，从而使自己成为有真才实学的人（柳夏等，2008）。

清华大学校友、时任教育部副部长的周济院士在 2002 年"促进人文教育与科学教育的融合高级研讨会"上借用了蒋南翔校长的比喻并有所延伸。他说："作为学校，不仅仅是给学生干粮，不仅仅是给猎枪，还应该给指南针。有了干粮和猎枪，学生就能在森林中生存下去，但是他们的根本目的还是要穿过森林，如果没有指南针，就会迷失方向。如果用一个比喻来解释，'干粮'就是知识，'猎枪'就是能力，'指南针'是指大方向的，就是学生的素质。"除了知识和能力，清华大学一直以来也重视对学生发展方向的培养，尤其是思想政治教育，引导了一代又一代清华大学人在报效国家、服务社会的正确轨道上实现自身价值。

## 六　"三支代表队"

为了培养全面发展的人才，新中国成立以后，清华大学倡导并精心培育了三支"代表队"：政治辅导员是政治工作代表队、因材施教的业务尖子是科学登山队、体育运动队和文艺社团是文体代表队。这三支代表队在培养学生走又红又专的道路上殊途同归，对推动学生培养工作和提高学生培养水平产生了重大影响。

### 1. 政治工作代表队

为了加强学生的思想政治工作，1953 年，清华大学在全国高校中率先建立了政治辅导员制度。学校从高年级学生中挑选出一批政治觉悟高且业务素质好的优秀学生党员从事学生思想政治工作，同时继续完成自己的专业学习；实行半脱产，在校学习年限延长 1 年。他们一边学习业务知识，一边做思想政治工作，同时"两个肩膀挑担子"，被形象地称为"双肩挑"。此后，学校每年都会从高年级学生党员中选拔一批辅导员，补充到学生工作干部队伍中。后来也有一部分辅导员由青年教师或研究生中的党员担任。

政治辅导员制度建立起来后，蒋南翔校长将首批政治辅导员组织起来学习《实践论》和《矛盾论》，教导他们用辩证唯物主义和历史唯物主义的观点去观察社会、分析问题、指导工作。许多当年的政治辅导员回忆起这段经历时，都感到在政治上受益匪浅。

从1953年至1966年，辅导员制度由初建到逐步完善，这一时期共选拔培养了682名辅导员。这些辅导员学习成绩好、能力强、又红又专、全面发展，成为同学学习的榜样，有力地推动了全校学生思想政治工作的开展。这些经过学生工作锻炼的辅导员，不仅补充和形成了一支符合学校工作特点的党政干部队伍，而且为国家建设的各个方面输送了一大批又红又专的高质量骨干人才。1963年，在辅导员制度建立10周年纪念时，蒋南翔指出，这是为党和国家培养干部的有效途径，将来在清华大学毕业生中会出现一批部长、省委书记、副总理（方惠坚等，2005）。

1966年后，"文化大革命"席卷中国大地，也给清华大学带来了深重的灾难。学生政治辅导员制度遭到了批判，广大学生政治辅导员也被认为是"推行修正主义教育路线的基本力量"而备受摧残。其间，在70年代初期，学校招收的工农兵学员入校，学校也抽调了部分青年教师负责学生党团工作。

粉碎"四人帮"后，百废待兴，学校党委决定要尽快恢复学生政治辅导员制度。但是，"文革"造成了高考制度的中断。1981年起，学校又恢复从高年级本科生中选拔学生政治辅导员，全面恢复了"双肩挑"政治辅导员制度。近年来，清华大学博士与硕士培养规模的不断扩大，辅导员中已经基本调整为以博士与硕士为主，其中博士已经超过了一半。

20世纪80年代，邓小平对清华大学的政治辅导员制度给予了充分的肯定，认为"清华大学过去从高年级学生和青年教师中选出人兼职做政治工作，经过若干年的培养形成了一支又红又专的政治工作队伍，这个经验好。""双肩挑"逐步形成清华大学干部的一大特色，在清华大学校系各级领导岗位上活跃着一大批既懂业务又会管理的干部。据有关的同志统计，党的十四大以来，历经十五大、十六大和十七大，每届都有将近10名中央委员与候补委员是当年在清华大学担任过政治辅导员的同学。而在近一段时间，更是有多位政治局常委以及党和国家领导人曾经在清华大学学习过，其中不少当时担任了政治辅导员（张再兴，2001）。

**2. 科学登山队**

20世纪60年代，蒋南翔要求学校的教务部门从全校学生中选拔学习成绩最优秀或者有特长的，通过制订单独的教学计划，配备指导教师，多指定一些参考书，对其课程和毕业设计给予更高的要求。此举意在培养一支攀登科学高峰的登山队，蒋南翔希望以此来培养中国一流的科学家。由于是万里挑一，学校里称他们是"万字号"学生（方惠坚等，2005）。

自动控制专业65届毕业生郝惠言就是这样的学生，接受过两年多的"因材施教"。在两年多的时间里，每天上午上完课，郝惠言就去办公室找系主任钟士模，钟教授放弃午休，推迟回家时间，专门辅导他一个人，小至一个在字典上查不到的英语词组，大至一些重要的专业概念。这种"开小灶、吃偏食"的方式让郝惠言具备了更加扎实的专业知识，使他在后来的工作中成为国企自主研发的技术革新者。

1965年毕业于清华大学动力机械系燃气轮机专业的王玉明是流体密封领域的专家，现任清华大学精密仪器与机械学系教授，中国工程院院士，中国机械工程学会副理事长。怀着报效祖国的志向，王玉明毕业后来到了一机部压缩机械研究所，从事核工业专用设备中的危险性气体压缩机的研制工作，专业有点跨行。但想到南翔校长在毕业典礼讲话中对毕业生的要求："要做到思想过得硬、业务过得硬、身体过得硬""业务过得硬的最正确的、最严格的评定标准，则是工作上的成绩……要有较强的独立学习能力和适应能力，不怕改行，不怕跨行。"他就满怀信心地投入到新的工作中。王玉明所从事的相关动密封装置的研究成果曾获原国防科工委重大科技成果三等奖，另一项成果获原第二机械工业部科技成果四等奖；主持设计和完成的国家"六五"科技攻关项目高参数密封试验台是当时世界第二大密封试验台，鉴定委员会专家评价其结构为国际首创。王玉明在高技术产品的研发及产业化方面做出突出贡献，让中国人在世界流体密封高技术领域扬眉吐气，终于实现了他为国争光的夙愿（丁文魁，2004）。

清华大学人在科技领域内勇攀高峰的精神延续至今，也深深地影响了清华大学学生投身课外科技活动的氛围。1989 年，清华大学承办了第一届"挑战杯"全国大学生课外学术科技作品竞赛，并在该届赛事中一举夺魁。在此之前，"挑战杯"已经在清华大学校园里举办了多年，科技创新在同学中蔚然成风。此后，清华大学又在 1997 年、2003 年和 2009 年 3 次捧得挑战杯，成为全国捧杯次数最多的高校，体现了清华大学学生的课外科技水平。

### 3. 文艺体育代表队

1957 年，蒋南翔校长提出"争取至少健康地为祖国工作五十年"的口号，响彻清华大学园。在开展体育锻炼的过程中，学校将普及与提高相结合，确定了"要在普及的基础上提高，在提高的指导下广泛深入地开展体育运动"的方针。为了提高体育水平，学校自 1954 年成立 8 个体育代表队起，到 1959 年已增加到 38 个代表队。除一些广为普及的体育项目如田径、体操、游泳、举重、篮球、排球、足球等有代表队外，一些较为冷门的项目如冰球、摩托车、航海、舰艇、射击等也成立了代表队，代表队总人数达 450 多人。这些代表队都有体育教师专门指导，队员们大多是全面发展的三好学生。在校体育代表队的带动下，各院系也都成立了各种体育锻炼组织，一直延续至今。

从 1954 年到 1965 年，清华大学各体育代表队共培养出国家级运动健将 11 人，培养一级运动员 20 余名。清华大学在 1959～1966 年间举办的 6 届北京市高校运动会上，连续取得 6 次男子团体第一名、5 次女子团体第一名的骄人成绩。"文革"前，代表队涌现出蓬铁权、陈铭忠、张立华、胡方钢、赵希正等老一辈运动健将。改革开放后，又培养出张军、姚雅红、安虎等全面发展的优秀学生运动员，成为清华大学学生全面成长的典范。长跑健将蓬铁权 1959 年打破了中长跑的校纪录，荣获 1500 米高校冠军，并在全国马拉松锦标赛上以 2 小时 32 分 53 秒的成绩打破全国纪录，成为清华大学第一批达到国家健将标准的运动员。1965 年，蓬铁权从清华大学研究生毕业，历任哈尔滨量具刃具厂技术员、工程师、车间副主任、主任、副总工程师、副厂长、厂长。在企业工作漫长的 30 多年间，虽有坎坷和艰辛，但在学校时期打下的良好基础，特别是"健康"两个字的影响给了他无穷的力量。这"健康"，包含体质的状况，也包括如马约翰先生所倡导"体育迁移价值"的思想、情操和意志品质（张再兴，2001）。

1994 年，清华大学在培养运动员的体制上进行了改革，开始培养高水平运动员。自此，田径队连续 5 次获得全国大学生田径锦标赛金牌总数第一，1997 年第八届全国运动会和 1999 年世界大学生运动会的赛场上也第一次出现了清华大学学生的身影。2001 年田径队队员梁彤实现了"文革"后清华大学自己培养的学生在全国运动会上夺牌的梦想，之后多名田径队队员不断在全国乃至国际赛场摘金夺银。这些成绩标志着清华大学体育代表队的竞技水平迈上了一个新台阶，确立了其在全国高校中的领先地位。

除了竞技体育的丰硕成绩，体育代表队带给清华大学更多的是奋勇争先的精神。"在代表队里给我印象最深的就是一种运动精神，那不仅是简单的锻炼身体，更重要的是拼搏、永不放弃。"1951 年入学的校友马志和这样说，他是当年中长跑队的队员。马校友当年训练的条件非常艰苦，没有标准的跑道，他们就到校园外面去训练。每天早上 6 点起床，跑到西直门再折回来，或者是跑到颐和园，绕风景优美的昆明湖一圈再回到学校。"不管刮风下雨，我们都不缺席训练。"马志和沉浸在当年的回忆中。在马志和代表队的体育精神的熏陶下，他的两个儿子也与体育结下了不解之缘，他们从小练习游泳，成绩优异。大儿子马里曾在校游泳队担任过队长一职。"参加体育锻炼不仅让我的孩子们身体强壮，在代表队训练生活的日子，也让他们更加坚强，更加出色。平常生活工作中遇到困难，他们就比一般人更容易克服，更有承受力。"（姜晨怡等，2004）

代表队队员除了在运动场上挥洒汗水，为校争光，也都努力在校期间全面发展自我。部分队员不仅严格要求自己搞好专业学习，同时还努力搞好运动训练和社会工作，把全面发展作为努力的目标。他们不仅像每一个平凡普通的清华大学学生一样，努力学习好并不轻松的专业知识，也像每一个普通的代表队队员一样，刻苦训练，征战运动场。如1982届的王浩，上大学时是体育代表队的跳远主力，2005年成为恢复高考后清华大学本科生中走出的第一位中国工程院院士；曾任国家会计学院院长的陈小悦教授长期坚持体育锻炼，曾是学校体育代表队跳远主力之一；著名生物学家，华人生物学家协会会长的施一公也曾是校田径队队员，专攻万米竞走。正是在这种"全面发展、育人至上、体魄与人格并重"的育人理念下，从体育代表队的集体里走出了许多在各行各业取得突出成就的清华大学校友（张再兴，2001）。

新中国成立初期，清华大学合唱团、军乐队、弦乐队、剧艺社等学生文艺社团即有较大发展，也非常活跃。1958年，清华大学大学学生文工团成立，作为一个特殊的集体，文工团的部分骨干队员实行集中住宿，而且和各系一样单独配备政治辅导员和成立党团组织。值得称道的是，直到现在，清华大学的学生艺术团还延续着这种组织形式。

到1960年，学生文工团已具有相当规模，拥有13个队（军乐、民乐、弦乐、合唱、舞蹈、话剧、钢琴、口琴、手风琴、京剧、曲艺、地方戏、舞台美术队）和1个文艺社，近1400人。清华大学学生文艺社团具有一定的水平，这对促进学生提高素质、全面成长起到了十分重要的作用。他们自编自演，经常及时编演反映学生生活的文艺节目，不仅在校内为广大同学演出，而且还走出校门为党和国家领导人、为各界群众公演，受到热烈欢迎。1964 年 10 月 2 日，在国庆 15 周年庆祝晚会上，清华大学合唱队 100 多人参加了在人民大会堂举行的大型音乐舞蹈史诗《东方红》的演出，将清华大学人的艺术水平和精神风貌展现在人们的面前（张再兴，2001）。

无线电电子系 65 届毕业生靳东明曾经担任文工团舞蹈队队长，据老人回忆说，当时舞蹈队员们每天早上会在宿舍前面的小路上练功，业余时间除了排练，就是开会。全队都集中到一个宿舍，上下床都挤满了人，学习、讨论、辩论，然后听团支部书记总结。由于课余时间占用得较多，靳东明宿舍"5 字班"的几个人，晚上都会去图书馆自习，直到熄灯才回来。几年下来，文工团集中住宿队员的平均成绩比班上一般同学还要高一些。"近朱者赤，在文艺社团这些优秀的同学之间，耳濡目染，自然而然地，我学会了如何做人，如何严格要求自己。"合唱队队员、建筑系 65 届毕业生吴亭莉说，"在这样一个积极向上、健康活泼、团结友爱的集体中，日后出现一批在中国的政界、科技界有影响的人物也就不难理解了。"（杨晨光，2009）

在清华大学学生艺术团的历史上，才俊辈出，惠济四方。一代又一代品学兼优又在艺术上有特长的学生艺术团成员始终走在时代的前列，取得了卓越成就，做出了重要贡献，为清华大学和学生艺术团赢得了良好的社会声誉。他们当中有文学大师曹禺，著名的建筑学家梁思成，清华大学原校长、著名核物理学家王大中院士，还包括胡锦涛总书记和朱镕基总理等一代治国英才。

## 七　"双肩挑"和"三育人"

心理学研究表明，人的心理发展的一般过程是人在一定条件下，其需要、动机、行为和目标之间相互联系，相互作用，彼此制约，循环往复。大学管理的关键在于调动学生的学习积极性。所谓积极性，就是人们从事某项活动的意愿及在活动中表现出来的努力程度，包括态度、行为和效果。态度是核心，行为是体现，效果是客观标志。"调动积极性"在管理心理学里就是"激励"。赫茨伯格（Fredrick Herzberg）"双因素理论"告诉我们，在影响人的需要和动机的大量因素中，可以分为两类，一类叫保健因素，另一类叫激励因素。保健因素不具有激励作用，而只起稳定作用，通过努力得到的东西才具有激励作用，因而必须注意不要使激励转化为保健因素，并尽可能在保健因素中挖掘激励的成分。维克托·弗鲁姆（V. H. Vroom），著名心理学家和行为科学家，他提出期望理论的基础是：人之所以能够从事某项工作并实现组织目标，是因为这些工作和组织目标会帮助他们实现自己的目标，满足自己某方面的需要。激励力量主要取决于两个方面，一是对目标价值的认识，二是实现目标可能性的大小。一个人对于工作、劳动和学习，如果他把目标的价值看得越大，估计能实现目标满足需要的概率越高，激发出的动机就越强，产生内部的激励力量就越大，激发的积极性就越高。期望理论与人们常说的跳起来摘桃子的道理一样，如果树上有你希望得到的桃子，当你判断你通过努力跳起来能够得到它时，你就会试着努力跳起来，争取摘到桃子（黄治华等，2009）。

大学面对的是"高级人才"和他们进行的"脑力劳动"，因此，对学生的管理要体现"以人为中心"，充分发挥他们的能力和水平，激发他们的潜能。在清华大学的教育中，"双肩挑""猎枪与干粮""无欲则刚"与"当仁不让"等育人理念得到了成功的实践。事实上，学校不知不觉中已经在育人方面暗合了激励理论中的期望理论、强化理论和双因素理论等相关激励理论。

1953年，清华大学建立了政治辅导员制度，在高年级学生中挑选一批业务基础好且思想觉悟高的党员，一边工作，一边学习，既加强了学生的思想政治工作，又培养出一批又红又专的干部。蒋南翔要求他们"两个肩膀挑担子"，一个肩膀挑政治工作担子，另一个肩膀挑业务担子，以后俗称"双肩挑"。这一育人方式体现了期望理论，即学生把目标的价值看得越大，估计能实现目标满足需要的概率越高，激发出的动机就越强，产生内部的激励力量就越大，激发的积极性就越高。政治工作为钻研业务提供了很好的思想动力和信念保证，而业务钻研又为政治工作提供了实践支持和实现理想的手段。

实践证明，蒋南翔是有远见的。这一制度建立以后，为学校校、系两级培养了大批领导骨干，到 20 世纪八九十年代，一度学校党委正副书记和正副校长全都是担任过政治辅导员的。在校担任过辅导员的还有的被输送到企业、科研院所、大专院校和党政机关，有的成为学术带头人或技术骨干力量，也有的担任了国家和地方的领导职务。由于他们年轻的时候经过一些思想工作和群众工作的锻炼，比较注意掌握方针政策，比较善于联系群众，因而在实践中能适应工作的需要。从中国共产党的十四大、十五大和十六大选举产生的中央委员会成员中，每届都有 9 名中央委员及候补中央委员是五六十年代在清华大学学习期间担任过政治辅导员的，这不是偶然的，实践说明政治辅导员制度能够培养出杰出的人才，是有生命力的。党的十六大选举产生的党中央领导集体中，政治局常委中有 4 人曾在清华大学学习过，这其中有 3 位曾经担任过政治辅导员。

蒋南翔校长倡导的"双肩挑"政治辅导员制度本质是红专结合，政治与业务渗透。这种特殊的因材施教，培养出来的"复合型人才"，毕业后无论从事什么工作，都体现了较高的综合素质和较强的适应能力。实践证明，这是一项富有远见卓识，带有战略性的教育创新，是从中国实际出发，社会主义高等教育的伟大创举和伟大实践（张再兴，2001）。

在培养社会所需要的专门人才的工作中，高校必须秉承"以人为本"的教育理念，利用全员参与式管理调动各主体的主观能动性，实现全方位的育人职责。在清华大学办学过程中，逐渐形成了"三育人"的说法。所谓"三育人"，包括"教书育人""管理育人"和"服务育人"，它的实质，是指学校各方面的人都要承担起育人的责任，不管是在教学、管理还是服务岗位上，都要记住自身是校园环境中构成育人环境的一部分，构建起良好的校园氛围和环境，服从和服务于学生成长成才的工作中。

"教书"是指传授知识，在高校主要指传授专业知识、一般社会科学知识和人文知识；"育人"是指培养人，促进人在德智体美诸方面的发展。没有游离于文化知识学习过程之外的育人，也不存在脱离精神文明传播的教书活动。所以，从理论上讲，教书与育人显然必须结合起来。而学校的管理工作和职工也是育人工作队伍中的一分子，这既反映了学校对职工队伍工作的认可和尊重，也反映了学校职工队伍在对"育人"的认识上的高水准。蒋南翔校长曾经用"两只轮子"来形容学校的教师队伍和职工队伍，形象地比喻说只有两只轮子同时转起来，车子才能动起来（方惠坚等，2005）。蒋南翔校长的比喻，生动形象地说明了"三育人"的含义。

## 第三节　麻省理工学院和清华大学的制度创新及其对组织文化的影响

同样是理工类研究型大学，清华大学和麻省理工学院在组织变革和制度创新中具有引人注目的相似之处。清华大学改办大学，特别是梅贻琦校长时代，学校的管理风格和建设思路有相当部分取法自西方。1952年院系调整，全国高校学苏之后，清华大学在组织架构和学校管理上逐渐形成了中国特色的制度框架，与麻省理工学院无法作深入的对比。但即便如此，处于不同国情与不同时代，清华大学和麻省理工学院在制度化建设、制度创新甚至组织变革上的举措却有异曲同工之妙。

在教学上，麻省理工学院首创了教学实验室制度，鼓励学生"动手"；在教学和科研相结合的过程中，清华大学的"真刀真枪"做毕业设计同样是一项重要的制度创新；在迈向研究型大学的发展过程中，麻省理工学院进行了大幅度的管理变革；近年来，麻省理工学院又突破传统的办学理念，推动了著名的"开放课程"运动。由此可以发现，强调培养学生的能力，通过制度创新来落实"培养能力"的理念，是清华大学和麻省理工学院组织文化中重要的制度化特征。

## 一　强化实践，首创教学实验室

19 世纪中期，波士顿当时拥有 10 万人的常住人口，其中大部分是英国血统。它早已成为美国的文化中心，哈佛学院是其中最具声誉的机构，此外还有埃默森学院等已获得较高的声誉，还有包含洛厄尔学院在内的一批新的学院正在这一地区建立起来。新英格兰地区出生的人构成了波士顿人口的大部分，同时波士顿还是新英格兰地区的中心城市，也是该地区的工业发展中心和工商业中心，同时也是美国工业拓展与运输网络的技术人才中心。在 18 世纪末 19 世纪初的时候，美国最早的一批皮革制造工厂、制鞋厂、金属工业和机械制造厂在波士顿及其周边地区建立起来。更大规模的工业发展首先从纺织业开始，并扩展到其他领域。工业的发展和各类大型工程的建设，使这一地区需要大量的工程技术人才。然而，虽然哈佛大学和哥伦比亚大学的一些教授也模仿德国模式建立了一些以满足工业革命背景下现实需要为目标的培训项目和学院，但受制于传统"精英主义"和轻视动手操作能力的羁绊，这些学院始终无法满足当地发展的需要。波士顿的教育基础、工业发展和现有的人才需求，使罗杰斯兄弟将波士顿作为理想中技术学院的所在地（孔钢城，2009）。

建校之初，麻省理工学院重点发展了面向工业的专业课程。在 1864 年，学院通过的工业科学学校的"范围和计划"中论及了学校目标："工业科学学校被设计用来为公众提供领先的科学原理教育的普遍机会，同样应用于工艺方面。并且，同时为系统化的应用科学的学生在附属于学科的学习和实践方面提供一种持续、彻底的训练方法。"文中还提到学院培养目标分为两类：一是工程学的教师；二是工商业方面的工程技术人员。按照罗杰斯的设想，"在经过应用科学的指导后，机械师、化学师、工厂主或工程师就可以对其所学和赖以工作的技术了如指掌，从而避免盲目摸索，稳步前进；同时，在工作中有所发现和更多创新。"（Wylie Francis E，1975）

罗杰斯在他的办学计划中，一直非常强调实验室在教学中的重要作用（陈超等，2005），建校以后，罗杰斯及其领导的教师队伍尽各种努力建立相关的实验室开展教学和研究工作。1865 年，罗杰斯邀请艾略特（Charles W. Eliot，1869～1909 年担任哈佛校长）教授来到学院，担任分析化学与冶金学教授，并建立了一个小型化学实验室（Samuel C. Prescott，1954）。1869 年，皮克林（Edward C. Pickering）教授又建立了美国第一个物理学实验室。

实验室的建立，使学生不仅能够从书本上认识物理世界，而且还能通过实验学会观察、记录、集中事物的特性，做出结论，即学会通过自己的脑和手向自然学习，揭示其规律。此后，美国不少大学也开始通过实验室进行教学（黄继英，2006）。罗杰斯高度评价了皮克林的工作，"相信这是他在科学训练方法方面做出的巨大重要改进，而这是国内外均无先例可循的。"随着学院专业课程的扩展以及工业技术的迅猛发展，学院此后又逐渐建立了其他方面的实验室，推动教学工作的开展（张成林等，1988）。

## 二 "真刀真枪"做毕业设计

"真刀真枪"做毕业设计，是清华大学 1958 年在高等工科教育方面一项制度创新（郝维谦，1999）。1958 年，为了贯彻执行党的教育与生产劳动相结合的教育方针，清华大学师生积极把教学、科研和生产实践紧密结合起来。过去的毕业设计一般是由教师假拟一个题目，将真实资料简化，让学生进行设计和计算，这种办法也可以训练学生的动手能力，对于系统地运用所学知识也是一种锻炼。而水利系 1958 届毕业班的同学的毕业设计是直接承担密云水库的设计任务，他们很自豪地讲：我们是"真刀真枪"地做毕业设计。本书作者曾当面向后来担任过清华大学党委书记的方惠坚证实，这个情况当时是由方惠坚汇报给蒋南翔。蒋南翔听到了以后，敏锐地认识到这是一个新生事物，于是在全校召开毕业生大会，推广水利系和建筑系的经验，他认为"真刀真枪"

地做毕业设计，既能树立学生的责任感，又能培养学生解决实际问题的能力，还能锻炼学生团结协作的精神。当年 1400 多名毕业生在毕业设计中结合生产实际完成设计任务和制造新产品 336 项。以后，在总结经验的基础上，逐步完善"真刀真枪"进行毕业设计的办法，成为学校的一项教学制度（吕露英等，2010）。

1958 年之前，中国的工科教育重理论、轻实践，教师也没有工程实践经验，难以指导学生进行工程实践性很强的毕业设计；而且以前的毕业设计课题，基本上是模拟性，缺乏对真正工程实践中复杂情况的识别及其相应的能力训练。"真刀真枪做毕业设计"从诞生起就显示了强大的生命力，一时间在全国迅速推广。它不仅是一项全面培养学生综合素质的重要教学环节，使学生在广阔的社会实践中锻炼成长，而且使他们在校期间就能够了解和适应国民经济发展需要并为之服务。对学校来说，它促进了科学研究适应社会发展的实际和教育教学各个环节的改革。50 多年后的今天，"真刀真枪做毕业设计"仍然作为我国高等教育教学中的一个重要形式被继承下来。

## 三　朝向理工研究型大学发展的管理变革

作为一所缺乏传统却勇于创新的私立大学，麻省理工学院在创立伊始的半个多世纪中，虽然受到社会和学生的欢迎，却一直面临资金匮乏的困境，曾经数次险些为财大气粗的哈佛所吞并。1917 年，当美国卷入"一战"后，麻省理工学院先后对教学方向做出调整，使其可以更好地适应美国工业生产和军工研究发展的趋势。然而，伴随"一战"而涌入校园的大笔资金在战争结束后迅速枯竭。在学院再次面临财政危机的同时，诺耶斯与沃克两位教授之间的冲突也达到了不可调和的地步，1919 年，沃克告知麦克洛林校长如果诺耶斯不离开化学系，他将辞职。由于沃克同工业界的良好关系，麦克洛林校长不得不做出让步，最终诺耶斯教授在 1920 年辞去了麻省理工学院的职务，前往加州理工学院任职。诺耶斯与沃克之间关于基础研究与应用研究的分歧显示麻省理工学院已经走到了一个十字路口，自然科学在 20 世纪前 20 年的腾飞要求高等教育机构加强基础科学的研究，显然麻省理工学院没有做好这方面的准备，这一定程度上导致学院在 20 年代进入了发展的一个瓶颈期。

1930 年 3 月 12 日，卡尔·康普顿受邀担任麻省理工学院新任校长，上任后进行了一系列的变革（Cohen M. D., et al, 1974）。一方面，康普顿指出基础性的科学研究可以为技术的发展提供更大的推动力，甚至可以创造新的技术应用方向，麻省理工学院开始调整工程学和科学的比例，直至达到"二战"后相对较为均衡的 1：1 状态。另一方面，针对麻省理工学院的现状，康普顿对其管理体系进行了大幅度的调整。

康普顿就任麻省理工学院校长的同时，原校长斯特拉顿成为新设立的学院法人主席，继续指导学院的发展。但由于 1931 年斯特拉顿主席的去世，学院管理出现新的空白。在此情况下，学院法人和执行委员会重新组织了学院的管理机构，设立一名副校长，协助校长的工作。同时将麻省理工学院的相关部门按照学科与行政目的的不同分为 5 部分，分别是工程学院、科学学院和建筑学院，人文学部和工业合作部。人文学部包括一些学院的部门，开设通识课程扩展学生的知识背景，工业合作部包括各种解决学院在与商业和工业合作中相关事务的机构。研究生相关的事务则由新成立的研究生院负责（麻省理工学院校长报告，1931～1932 年度）。

科学、工程和建筑学院院长和研究生院长之间的责任划分有着很明确的区别。各专业院长在校长的领导下负责在他们各自的部门内保持强有力的师资优势、预算的准备和管理以及教学和研究的工作。研究生院长负责管理有关研究生的行政和处理的规则问题，有关考试和学位要求的一般政策问题以及奖学金的管理问题。同时各个院长之间也要在改善教育政策的发展方面相互合作。

通过对学院机构的调整，一批卓越的科学家成为学校的高级行政主管，他们紧紧围绕在康普顿校长周围，形成强有力的管理团队，推动麻省理工学院的发展。之后，麻省理工学院通过修改和制定新的学校政策，进行学校管理权力的分权，强调各学院的自主管理，为各位院长的工作提供学校政策的支持。这一分权式的学校管理架构延续至今，为麻省理工学院成为世界一流的研究型大学打下了良好基础。

## 四　开放课程运动

坚持开放办学是麻省理工学院发展的重要理念。从最早的波士顿技术学院到国际化研究型大学，学院学生由新英格兰地区为主发展到来自世界各地，2008 年，学院学生中 9% 的本科生和 41% 的研究生来自其他国家和地区。学院创立之初就广泛邀请来自其他学校的毕业生或教师来校任教，1900 年，97 人的教师队伍中，46 人来自其他教育机构，学院毕业的 51 人中，有 39 人有过国外学习经历或者在工业企业进行过相应的职业经历。今天麻省理工学院的教师队伍中，大量教师来自其他学校和国家地区，其中数十位诺贝尔奖获得者都是来自其他国家和地区。①

2000 年，麻省理工学院正式对外宣布将在 10 年内将学院的 2000 门课程在网上发布，建立开放课程网（Open Course Ware），让世界各地的求学者可以在互联网上随时利用麻省理工学院的教育课程进行学习。这项开放课程计划引起了强烈反响，在一些大学希望以远程教育盈利的时候，麻省理工学院宣称，所有课程免费是对社会的回馈。2010 年 9 月，麻省理工学院的开放课程已经有多种语言版本和多种镜像。统计显示，开放课程资源的访问者最主要的来源是教师。麻省理工学院的优势学科——电子工程和计算机科学、数学、管理、物理、经济和机械工程，是最受欢迎的项目。

麻省理工学院的第 15 任校长查尔斯·维斯特是开放课程最重要的推动者，他认为，把 2000 门课程提供上网，让世界任何人在任何时间都可以任意使用，这将促进知识的构思、成形和组织过程（Frank D. J. et al，2007）。"计算机产业从封闭性软件系统中吸取了惨痛的教训，这种以独占知识为基础的系统并不适合它们自己创造的世界。开放式软件和开放式系统构成的有机世界才是真正的未来趋势。"他断言，开放课

---

① 麻省理工学院网站 http：//www. 麻省理工学院 .edu。

程的资源并不是一种教学模式，而是院校之间的资源共享，是一种学术发表方式，其精神如 LINUX 自由软件一样。他说，"我们将生活在不断发展的电子学习社区中，各种了不起的新技术将帮助我们学习。我们一生的学习方式都将受到数字媒体、互联网以及尚在开发中的设备和系统的深刻影响。对此，我深信不疑。"

"但是，我更加深信不疑的是，住宿制大学仍然是我们社会的重要组成部分，能够为我们提供最集中、最先进和最有效的教育，天资聪慧、富于创新的年轻人同住同学，又有乐于奉献的教师朝夕相伴，由此产生的魔力是机器无法取代的。"（苗炜，2010）

## 五　清华大学"学堂在线"开放课程

2012 年以来，"大规模在线开放课程"在全球迅速兴起，给传统高等教育带来震动。在线教学采取分段式观看教学视频、阶段性小测验和即时网上辅导反馈、网上提交和批改作业、网上社区讨论、虚拟实验室等方式，让全球不同人群共享优质教育资源成为可能，使大规模个性化学习成为可能。

由此，在麻省理工学院开放课程 10 年后，清华大学加盟了由美国麻省理工学院和哈佛大学创办的非营利在线教育平台 edX。2013 年 6 月，清华大学组成攻坚团队，启动基于 edX 开放源代码的中文平台研发工作，历时 4 个月，正式推出"学堂在线"（www.xuetangX.com）平台，面向全球提供在线课程。

"学堂在线"平台已初步完成平台国际化与中文本地化，开发了不依赖 YouTube 的 HTML5 视频播放器，建立了系统性的测试框架，实现了平台全文搜索功能及计算机程序的自动测评，并部分完成了可视化公式编辑器，手写汉字与公式识别，用户学习行为分析模块以及移动设备的课程学习应用。同时，仍在积极挖掘开发新增功能模块，改善用户平台使用体验，追踪学生学习效果并不断探索新型教育模式与教育理念。随着"学堂在线"的正式发布，清华大学"电路原理""中国建筑史"等 5 门课程、麻省理工学院"电路原理"课程、北京大学"计算机辅助翻译原理与实践"课程作为第一批上线课程在平台上开放选课。另据了解，8 月 10 日，清华大学作为中国大陆地区首个高校，在 edX 开放选课的两门在线课程——"电路原理"和"中国建筑史"，截至 10 月 9 日，选课总人数已超过 13000 人次，学习者 80% 以上为海外用户（刘蔚如，2013）。

对于在线课程，清华大学校长陈吉宁认为，在线教育将引发全球高等教育的一场重大变革。这场变革与以往网络教学有着本质区别，不单是教育技术的革新，更会带来教育观念、教育体制、教学方式、人才培养过程等方面的变化。借助加入 edX 在线教育平台这一契机，清华大学将全面推动课程教学改革。作为混合式教学模式的试点，清华大学还将在短时间内开发 30 门新一代在线课程，着力开展在线教育以及课堂/在线混合式教学规律、在线教育的评价与认证制度等方面研究，组建专业队伍，开发建设中国自己的高水平在线教育平台，推动优质教育资源的开放和共享（李江涛，2013）。

## 六　组织变革和制度创新对学校组织文化的影响

大学的制度创新，应当而且必然是属于组织变革的范畴。清华大学和麻省理工学院所进行的制度创新，不仅直接影响了大学的发展，事实上也直接塑造和影响大学的组织文化。

清华大学在 50 年代推动"真刀真枪"做毕业设计，其出发点是把教学、科研和生产实践紧密结合起来。在实际推动中，不仅培养了学生解决实际问题的能力，还锻炼了学生团结协作的精神，这种精神和文化对于清华大学人在国家建设的进程中占据重要历史地位起到了非常关键的作用。

刘易斯报告曾经指出，麻省理工学院的建立是一个觉醒的工业时代的直接产物，而麻省理工学院的成功也正是得益于罗杰斯新的教育计划在一个新鲜年轻的工业社会中满足了社会对专业人才的一个基本需求（Report of the Com 麻省理工学院 tee on Educational Survey to the Faculty of

麻省理工学院，1949）。然而，罗杰斯在办学过程中，强调"实用"精神，首创教学实验室的过程，其实质影响了麻省理工学院的文化。从此之后，麻省理工学院多次经历与哈佛的合并斗争，但是，由于对学校在组织变革和制度创新所取得成功的支持和忠诚，麻省理工学院的校友极大地认同其"实用"的理念和精神。在1904年6月7日校友晚宴讨论麻省理工学院和哈佛合并的议题时，校友们表达了强烈的对麻省理工学院的支持和对合并的反对态度。学院俱乐部主席同时也是学院法人终身成员的芒罗（James P. Munroe，1882届）发言，他回忆了学院早期罗杰斯院长等人在艰苦环境下推动学院发展的艰难经历，指出学院现在已经成为世界上最好的理工学院，如果不能继续不折不扣地将先人们的重托传递下去，将是对他们的背叛，将是对学院的背叛（Samuel C. Prescott，1954）。事实上，创新和变革成为麻省理工学院组织文化的一部分，本身也成为麻省理工学院决定推动"开放课程运动"等一系列制度变革的动因之一。

## 第四节　小结

在长期的办学实践中，麻省理工学院和清华大学两所学校形成了符合自身国情和特点的学校治理模式和管理制度。清华大学在历史发展过程中，毫无疑问引进和吸收了西方大学的办学经验，借鉴过西方大学的学校治理模式和管理制度。

由于国家教育传统和历史传统的影响，两所大学的治理模式不尽相同。但在管理制度中，麻省理工学院和清华大学都有其独到之处，而且善于进行组织变革和制度创新。从管理特点来看，麻省理工学院和清华大学都主张对学生学业的高标准、严要求，注重对学生进行多样化的培养，强调在学校的教学和科研中培养学生。从组织变革和制度创新来看，麻省理工学院和清华大学都强调学生动手能力的培养，并通过制度创新来落实其理念，把培养学生实践动手能力变成教育创新的制度。在组织变革和制度创新上的理念和行动，本身已经成为大学组织文化的组成部分，发挥着重要的影响。

# 第五章
# 大学组织文化的价值传统

中美两国的历史传统不同，因此大学从建立开始的价值传统就有相当的差异。随着大学建立之后时间日久，当初的价值传统有些内容得以流传至今，但也有些内容面临考验甚至经历过巨大转变。当今大学都面临国际化和多样性的挑战，但大学价值传统的不同之处仍然带来了组织文化的重大差异。麻省理工学院位于美国东北部新英格兰地区，这个地区历史传统中悠久的教育传统既成为麻省理工学院办学的动力，也意味着麻省理工学院在其创新和发展中面临诸多的困难和挑战。事实上，麻省理工学院曾经经历了 6 次和哈佛大学的吞并与反吞并的斗争，经历过基础研究和技术应用的争论，二战前后康普顿校长期间，麻省理工学院与联邦政府关系也发生过重大转变。清华大学办学之初是一所留美预备学校，此后迅速发展成为一所国内著名高校。新中国成立后，清华大学经历了巨大的学科专业调整，但在工程学科领域又迅速地走到了全国前列。改革开放以后，清华大学主动进行了大规模的学科专业调整。幸运的是，虽然价值传统发生了一定程度的变化，但不管是新中国成立前后还是"文革"前后，作为核心的大学精神在清华大学得以传承和发展。

## 第一节　麻省理工学院的大学精神和价值传统

大学文化的核心是大学精神，这是指人的内心世界现象，包括思维、意志和情感等有意识的方面，也包括其他心理活动和无意识的方面。精神的对立面是物质。关于大学文化与大学精神的关系，大学优秀传统文化是孕育大学精神的土壤；大学精神是大学文化的本质、灵魂与核心；大学精神的培育有赖于大学文化的创造（戴跃侬，2003）。

大学精神不是人为设定的，也不是哪位校长或哪位大师在头脑中的理念产物。大学精神的形成往往是多重因素经过长期的相互融汇和撞击的结果，应当被归类于处于理性和情感之间的一个特殊范畴。它属于文化传统的一部分，一般而言具有相对的稳定性。大学精神是大学里面的文化传统中最可宝贵的部分，任何一个明智的校长都应该懂得，应该珍视和哺育这种已经形成的精神，并且努力使其变得更能适应时代的新的需要（纪宝成，2004）。

麻省理工学院的著名毕业生理查德·费曼，曾在普林斯顿、康奈尔大学和加州理工学院等多所学府学习和任教，在他著名的《别闹了，费曼先生》中，他这样谈论麻省理工学院——"我从不同的学校，学到的东西各有千秋。麻省理工学院是个很好的学校，有他独特的精神，学校里每个人都认为他是全世界最美好的地方，相信他是全世界——至少是全美国——科技发展的中心，就好像纽约客看纽约市的情形一样。你会有一种和他共生的奇妙的参与感，很想继续参与下去——他们都觉得自己是得天独厚的一群，运气好才能待在那里。"（费曼，2007）

## 一　麻省理工学院的大学精神

经历了近 150 年的发展，时至今日，麻省理工学院不仅在既有的工程学科和自然科学领域依然保持自己的优势地位，而且在人文社会科学与管理科学领域内取得了长足发展。

最初的麻省理工学院以科学为基础，是古典学院、州立大学和多科性技术学院 3 种模式结合的产物。在哈佛大学和哥伦比亚大学等传统大学受制于"精英主义"和轻视动手操作能力的羁绊（王晓华，2001），始终无法满足波士顿和新英格兰地区经济发展需要的状况下，麻省理工学院应运而生，强调有用知识的价值，坚持全面的工程技术人才培养，坚持专业教育与普通教育的融合。

1846年，罗杰斯在勾画麻省理工学院雏形的时候就明确指出，传统的高等教育模式不能满足新时代的需要，需要建立一种新型的大学，这种大学植根于美国的土壤和文化。他指出，这所工艺学校将"超过国内任何大学"。这所学校不仅教授工艺技能，还进行科学理论基础的教育，最终为美国的工业发展和社会经济发展服务。他希望用文科和实用学科一起培养学生，使他们成为工程领域各行业的领军人物，而不仅仅是技术人员。

20世纪20年代，麻省理工学院曾一度发展缓慢。但在1930年卡尔·康普顿当选校长后，确立了科学立校哲学，改革学校组织结构，强调基础自然科学，发展研究生教育，并在二战中实现学校科学研究与技术研究的巨大飞跃，跨学科研究发展迅速，人文社会科学走上一流，麻省理工学院迅速成为研究型大学。

2005年，麻省理工学院的新任校长苏珊·霍克菲尔德在其就职演说中指出："工程学，不只作为一门学科，并且作为一种世界观以一种美好的方式注入生活和思想的每一方面。工程学的价值观——严谨、永不满足的好奇心、受过良好训练的创造力、对美好事物的追求、传统式的勤勉工作、执着热情的自信可以做到、亲自去做、马上就去改变的态度——现在是并且永远都将是麻省理工学院的价值观。正是通过这种共有的价值观念约束，麻省理工学院成功地服务国家和整个世界。……因为我们深深地植根在工程学的土壤里，我们的枝叶向上伸展，以求达到现实世界具体应用和问题答案的光亮。在我们寻求我们时代里现实挑战的答案的同时，我们也探究一直以来的神秘现象。麻省理工学院的科学家和学者们以宇宙的最远边界来定义重要问题，因为我们知道这些问题的答案将以我们无法预测的方式为解释世界上最大的那些困惑提供启示。……在所有这些方面，你们帮我认识的麻省理工学院完全忠诚于其建立之初的使命。1861年，威廉·巴顿·罗杰斯创建了麻省理工学院，以期拓展他所谓的‘科学研究的文化对工业和对国家文明的良好影响’。如果麻省理工学院仅只是它各个令人称奇的部分的总和，这样就已经足够，但是，由于在目标上的出色统一，它要远远大于各部分的和。"

今天，麻省理工学院的使命是"推动知识进步，从事科学、技术以及其他学术领域的教育，使学生在 21 世纪更好地为国家及世界服务。"该使命具有实用知识的教育价值观，注重杰出的科学、工程教育和为社会服务而发现和应用知识的特点，这与罗杰斯的教育哲学显然是一脉相承的。尽管时代发生了巨大变化，但罗杰斯的教育理念和精神仍然指导着学院的教育工作，学院的教育理念在罗杰斯思想的基础上不断发展，显示了良好的历史延续性和时代针对性，切实推动了麻省理工学院的发展与变革。

## 二 麻省理工学院的教育哲学

1996 年，时任麻省理工学院校长的查尔斯·维斯特（Charles M. Vest）任命了一个校长学生生活和学习工作组（the Presidential Task Force on Student Life and Learning），全面审查学院的教育使命和执行情况。1998 年暑期，工作组报告完成并正式公开。报告中对学院建院以来的教育原则进行了深入的回顾和思考，总结了 11 条教育原则：罗杰斯 4 条教育原则，刘易斯报告 4 条原则和工作组 3 条原则（Task Force Final Report，1998）。

当罗杰斯创办麻省理工学院时，他在头脑中有 3 个主要的原则（Report of the Com 麻省理工学院 tee on Educational Survey to the Faculty of 麻省理工学院，1949）：

第一、他坚信有用知识的教育价值（The educational value of useful knowledge）；

第二、他信仰"做中学"（Learning-by-doing）；

第三、他信仰在本科阶段开展专业教育，并且与自由教育结合

（Combining a liberal education with a professional education）。

学生生活和学习工作组认为，罗杰斯创办学院时还有第四个教育原则：即社会责任感（Societal responsibility）。

1949 年，麻省理工学院任命的刘易斯委员会在重申罗杰斯校长的教育哲学的基础上，指出在新的社会环境下学院发展应该遵循的新的教育原则：

第一、强调教育是生活的准备（Education as preparation for life）；

第二、重视基本原理的价值（The value of fundamentals）；

第三、坚持卓越和有限目标（Excellence and li 麻省理工学院 ed objectives）；

第四、坚持教师的联合、团结与合作（Unity of the Faculty）。

刘易斯报告以后的半个多世纪，麻省理工学院获得长足的发展，成为一所优秀的研究型大学。1996 年，校长学生生活和学习工作组总结归纳了新形势下麻省理工学院应该遵循的 3 条教育原则：

第一、教学、科研和校园生活三位一体的教育（An integrated educational triad of academics，research，and community）；

第二、强度、好奇心和刺激（Intensity，curiosity，and excitement）；

第三、多样性的重要性（The importance of diversity）。

工作组在综合分析学院发展历史和哲学理念的基础上，再次指出学院的使命：麻省理工学院致力于知识的进步，致力于促进科学技术繁荣的各领域的学生教育；它的任务是依靠学校在科学、工程、建筑、人文科学、社会科学和管理方面的核心力量，通过卓越的教学、科研和公共服务为社会做出贡献；这个任务是通过严格的教学和有计划的科研相结合的教育方案来完成的，并得到多样性的校园社会的支持和智力激励。

## 三 麻省理工学院的创新精神与创业传统

麻省理工学院成立以后，创新精神就贯穿学院发展的历史过程中，学院在教育项目和科学研究政策等方面开展了许多开创性的工作，对美国高等教育发展产生了重要的影响。

1882 年，麻省理工学院开设了全美第一门电气工程课程；

1886 年，学院校友阿瑟·D. 利特尔（Arthur D. little，1885 届）建立了美国最早的工商业咨询机构——利特尔咨询实验室；

1888 年，学院开设世界上第一门化学工程专业课程；

1908 年，沃克教授创建应用化学研究实验室，开展与工业界的合作研究；

1917 年，化学工程专业设立化学工程实践学校；

1919 年，电气工程系与通用电气公司开设合作实习课程；

1920 年，麻省理工学院实施"技术计划"，并建立了工业合作与研究部；

20 世纪 30 年代，学院开创性地解决了教师咨询工作和专利问题的争议；

1946 年，麻省理工学院与哈佛大学合作建立了美国研究与发展公司，作为最早的风险投资公司为新的高技术公司提供资金和政策建议；

1948 年，麻省理工学院开始了工业联络计划（Industrial Liaison Program）；

1954～1955 年，麻省理工学院组建了资助研究办公室（The Office of Sponsored Research），整合了原有的工业合作部和国防试验部，并负责学院相关的专利；

1961 年，麻省理工学院又设立了伙伴项目（麻省理工学院 Associates Program）；

早在贝杜法案颁布以前，麻省理工学院就开始了学院发明和技术的专利许可工作，推动新企业的创办，同时在校内开展创业教育课程；

1972 年，麻省理工学院建立了麻省理工学院发展基金（麻省理工学院 Development Foundation，Inc），推动新企业的创立，为技术的转移和成果转化开展风险资金的支持；

1977 年，学院的专利和版权办公室从资助研究办公室分离出来，直接向学院主管研究工作的副校长汇报工作，加快学院技术发明转移的速度；

1987 年，麻省理工学院重组了技术转移办公室；

1988 年，麻省理工学院开始实施"制造业领导者计划"（Leaders for Manufacturing Program）（肖咏梅 等，1994）；

2001 年，麻省理工学院首创开放课程运动（Open Course Ware）……

以上仅仅是麻省理工学院建校以来进行的创新性教育项目、研究活动和工业合作等方面的少数例子，但这足以让我们对该校的创新精神留下深刻的印象。

2009 年，麻省理工学院斯隆管理学院爱德华多·罗伯茨教授（Edward B. Roberts）发布了《创业的冲击：麻省理工学院的角色》（*Entrepreneurial Impact：The Role of* 麻省理工学院）报告，这是继 1997 年波士顿银行发布《麻省理工学院：创新的影响》报告以后，又一个关注麻省理工学院在经济社会重要作用的专题报告。报告显示了经过 10 多年的发展，与麻省理工学院相关的企业在美国经济社会中发挥的作用更加突出。

报告显示，从 20 世纪 80 年代以来，麻省理工学院学生、教师和校友创办公司的速度明显加快，在 80 年代有 2900 家公司创办，90 年代则有 5900 家公司，从 2000 年到 2006 年间，有超过 5800 家公司被创办出来。在 25800 家公司中，仅有 798 家公司是雇员超过 1000 人的大型公司，占公司总数的 2.1%，可见，小公司在近年来的快速成长，并在经济发展中承担了重要作用。

麻省理工学院相关的公司中，绝大多数的快速发展、高技术公司都位于马萨诸塞州和加州，特别是硅谷和 128 公路周边的大波士顿地区。这两个地区汇聚了 66% 的无线电公司，62% 的软件公司和 62% 的医药公司，与此相对应的是位于两个地区的其他工业公司只有 36%。

2008 年，统计显示大约有 95 家生物技术公司坐落在毗邻麻省理工学院的肯德尔广场地区（Kendall Square），与此对应的是，3 年前这一地区只有 55 家相同类型的生物技术公司。斯隆管理学院教授菲奥娜·默里（Fiona Murray）的研究则显示，麻省理工学院（包含博德研究所和怀特海德研究所）的 493 名生命科学家中，有 66 位科学家创办或者作为主管参加了至少一家风险投资公司，公司总数为 134 家，其中有 18 位教师和职员每人至少参与了 3 家公司的创办或管理工作，甚至有 1 位麻省理工学院的教师与 20 家公司有着类似的关系。此外，有 50 位麻省理工学院的生命科学家在 108 家公司担任科学顾问的角色，这样总计有 242 家生命科学公司与麻省理工学院有着密切的联系（Entrepreneurial Impact，2009）。

从"创新"到"创业"，麻省理工学院为大学如何开展教育，如何把教育理念落实到学校发展和学生培养中，提供了鲜明的榜样（李世超，2006）。这也成为大学发展组织文化，实现组织变革的鲜明的例证。

## 第二节　清华大学的大学精神和价值传统

### 一　清华大学的大学精神

清华大学作为有着近百年历史的著名学府，无疑是中国近现代文化和教育很彰显的一角。而清华大学园内的一景一物、一事一人和一言一语，也因着历史，因着逝去的和将逝的人，因着已来和将来的人，成为人们口中永远跃动的话题。百年清华大学，沧海一粟。唯有其以清华大学精神为核心的价值追求方可源远流长、人文日新。

清华大学原党委书记陈希同志在解读清华大学的大学精神时则概括了 3 条："第一个就是爱国奉献。由于清华大学的建校原因，清华大学师生在学习过程中一直会感受到由于国家落后、民族落后而遭受到的冲击，因此，爱国这个概念在清华大学师生中有非常强的冲击力，这是从本源里产生的大学精神或者文化；第二是科学务实。清华大学把它具体化成'四个不唯,一个唯'——不唯上,不唯书,不唯洋,不唯他,只唯实,这是清华大学办学中非常重要的文化和精神。再有一个就是勇于创新和追求卓越。"（陈希,2006）

刚刚过世的清华大学徐葆耕教授也曾经专门著文系统地描述清华大学精神,他的描述是传神和到位的。在徐葆耕教授看来,清华大学精神可以表述成 3 个方面:耻不如人、讲究科学和重视实干。

一是耻不如人。在历史上,美国当时的西奥多·罗斯福总统最终决定,用当年庚子赔款的退赔部分在中国办学,其基本考虑是要在中国人中努力培养"追随美国的精神领袖"。由于学校建在曾经被英法联军火烧圆明园所波及的清华大学园和近春园,清华大学的师生面对着破败的断壁残垣,时时激发起他们的民族耻辱。清华大学建校初期是一所留美预备学校,学生按照美国方式进行教育,而在学生被送至美国留学时却往往感受到西方对中国人的歧视,这就使他们比其他大学的学生更深刻地感受到对于民族耻辱的痛感。而清华大学从留美预备学校到改建大学,从改建大学到多次驱赶校长,其主题是争取摆脱美国的直接控制,力图实现学术独立,其中同样反映了强化师生的"知耻"情感。1919年 5 月 4 日,北京城发生了一件大事:这就是震惊中外的"五四"爱国学生运动。当晚,清华大学学校高等科二年级学生闻一多连夜抄录了岳飞的《满江红》词,贴在高等科饭厅门口,以此表达收复失地、洗雪国耻的强烈愿望。1919 年 5 月 9 日,清华大学学生召开了"国耻纪念会",清华大学学生庄严宣誓:"口血未干,丹诚难泯,言犹在耳,中岂忘心。"20 世纪 30 年代,民族矛盾激化,梅贻琦在就任清华大学校长时,第一次讲话就重点提及了"莫忘国难"。1935 年 12 月 9 日,一声爱国救亡的呐喊从清华大学园传出:"华北之大,已经安放不得一张平静的书桌了!"这句话出自蒋南翔所写的《清华大学救国会告全国民众书》。这声呐喊表达了清华大学学子的共同心声,唤醒了千百万民众,并推动了一场声势浩大的爱国学生运动。历经多年战乱后,1949年中华人民共和国成立,清华大学的师生因此欢欣鼓舞,立即投身到祖国建设的事业中。1950年，华罗庚已是世界闻名的数学大师，当他听说新中国成立的消息，毅然决定放弃美国的优厚待遇，返回祖国。途经香港时，华罗庚发表《致中国全体留美学生的公开信》，信中写道："为了抉择真理，我们应当回去；为了国家民族，我们应当回去；为了为人民服务，我们也应当回去；就是为了个人出路，也应当早日回去，建立我们工作的基础，为我们伟大祖国的建设和发展而奋斗！"在"文革"中，眼看着中国在科技发展上日益落后，但"四人帮"竟然还在批"崇洋媚外"，蒋南翔痛心地说："什么崇洋媚外?！连洋人屁股都看不见了！""文革"以后，这种耻辱感又转化为赶超世界先进水平、创建一流大学的强大精神力量。徐葆耕教授提出，"'明耻'是清华大学精神的重要表征：耻中国科技与文明不如西方发达国家；耻清华大学不如西方的一流大学；耻清华大学某些方面不如国内兄弟院校；耻本学科水准不如校内先进学科；耻个人学习或科研不如其他同班同学或教研室出国人。"（徐葆耕，2001）由此，清华大学人的耻辱感成为清华大学精神的重要内涵和清华大学师生努力奋进的不竭动力，"知耻而后勇"，愈勇愈进。

二是讲究科学。1925年5月，清华大学学校改办大学部，并开始招生。这年共招收大学普通科一年级学生[①]132人，报到者有93人，这便是清华大学历史上的第一届学生。1925年7月，清华大学设立国学院，当时的校长曹云祥在开学典礼的致辞时感叹："现在中国所谓新教育，大都抄袭欧美各国，欲谋自动，必须本中国文化精神，悉心研究。所以本校同时组织研究院，研究高深之经史哲学。其研究之法，可以利用科学方法，并参加中国考据之法，希望研究院中寻出中国之魂。"清华大学国学院建立后，主任吴宓针对当时国内国学研究"或则陈腐，嫌其过旧；或则偏激，强名曰新；或则但务琐屑之考据；或则徒事浮华之辞章。"提出国学研究院要采取异于国内其他大学的国学研究之道，即"注意准确精密之方法（即时人所谓科学方法），并取材于欧美学者

---

① 清华大学历史上称为"新制生"。

研究东方语言及中国文化之成绩。"梅贻琦校长到任后，建立并完善了校务管理体制，同时梅贻琦也极为重视"科学家的眼光和态度"。在他的言论中，经常鼓励学生要树立科学家头脑，要有独立思考的精神，不躁进、不盲从。这一点，同梅贻琦在美受的理工科教育背景有关。在任初期，梅贻琦校长还以极大的热情投入清华大学设立工学院的工作中。1932 年暑假，清华大学工学院正式开始挂牌招生，校长梅贻琦亲自兼任院长（陈超群等，2004）。事实上，清华大学的科学精神由于梅贻琦校长和知名教授们的相互影响，已经不仅在清华大学理工科里生根发芽，而且深刻影响了清华大学人文学科。新中国成立以后，清华大学的历任校长更是明确提出了要继承发扬严谨、科学的传统。事实上，新清华大学比起老清华大学来，在强调科学精神的广度和深度两个方面都大大超越了。蒋南翔校长一贯崇尚科学精神，讲求实事求是，善于根据客观实际提出各种理念与方案。他还在 1958 年"大跃进"和"文革"中坚持实事求是的作风，对继承和发展清华大学的科学传统产生了不可估量的作用。

三是重视实干。历史传统上而言，近代以来西方大学的传统中，强调大学进行传统的古典教育，大学精神在于"思"，而不在"行"。但早在 20 世纪 30 年代，朱自清先生就提出"清华大学的精神是实干"，在清华大学担任校长 17 年的梅贻琦也曾经这么表述："沉潜治学、朴实无华、不尚标榜、不尚宣传、诚诚恳恳、实实在在的研究科学""应力求切实""切忌的是好高骛远，不着边际""一在理智的方面，要避免空泛的理论""二在心理与社会的方面，要使学生始终甘于用手。"这种精神在治学和求学上体现为脚踏实地、行胜于言，体现在唯真求是的治学态度和学习精神。新中国成立后，清华大学在院系调整后转变成为多科类的工科大学，工程教育的特点在学校传统中进一步得到加强，"实干"的传统更加发扬。在教学方法上，蒋南翔校长曾经有"猎枪"与"干粮"的比喻。教给学生具体知识，就像给人"干粮"，吃完之后就没有了；教会学生学习和实践的方法，就像给人"猎枪"，随时可以打到猎物。蒋校长很重视实践，提倡"真刀真枪"的毕业设计，让临近毕业的学生直接参与社会上大型工程的设计任务，以此作为学生的毕业设计考核，并为社会做出贡献，而不是纸上谈兵。实干的精神不仅仅体现在清华大学办学的理念中，而且融入了学生的个人风格。比如，新中国成立后清华大学发展工科，与文科不同的地方是，在工科的科学研究中往往需要集体操作。罗素曾经说过："技术给予人的能力是社会性能力，不是个人的能力。科学技术需要有在单一的指导下组织起来的大量个人进行协作，所以它的趋向是反无政府主义、甚至是反个人主义的。"（罗素，1982）这样，在工科的科学研究和工程训练中，学生们就养成了团队意识，重视整体的力量而不是强调个人的作用，这样的学生在工作中往往比较重视在群体中维护团结，善于处理人际关系方面的问题。这成为新中国成立后清华大学人与新中国的建设和发展相互契合之处（徐葆耕，2006）。

## 二　蒋南翔和清华大学价值传统的变革和传承

由于旧中国工业和教育的落后，导致我国原有的高等教育体系"文重工轻，师范缺乏"。1949 年 205 所高校中，工业院校只有 28 所，可见当时工科院校在我国高校中比重很小。为了尽快扭转这种不合理的状况，使高等教育适应新中国社会主义建设的需要，我国政府从 1952 年开始，对全国高等学校进行了院系调整，并根据苏联经验，确定了"以培养工业建设人才和师资为重点，发展专门学院，整顿和加强综合性大学"的院系调整方针。

1952 年，蒋南翔同志出任清华大学校长，此时清华大学刚刚经过院系调整，由一所综合性大学转变为工业大学。当时的情况是，国内外知名的文学院和理学院已调整到北京大学，法学院也调整到北京大学并新成立了其他学院，而农学院在前一年已与北大农学院合并成立北京农业大学。清华大学羽翼正丰的工学院也被调整分散，颇负盛名的航空系是新建航空学院的主力，化工系是新建石油学院的主力。学校还有一些教师调到中国科学院、矿业学院、地质学院、钢铁学院和北京以外的其他学校。清华大学本校只剩下以土建和机电为主的系科，加上从原燕京大学工学院和北大工学院调入的相关系科。学校和原来的清华大学相比是大大地削弱了。这对蒋南翔接任清华大学校长来说，是一个巨大的挑战（方惠坚等，2005）。

作为清华大学精神优秀的继承者，蒋南翔同梅贻琦一样有一个清醒而善于思考的头脑，使自己在严峻复杂的形势下，保持思想清醒，独立精神成为教育理念的重要组成部分。当时普遍流行的以"一边倒"为指导思想的唯苏联专家之意见是听的"学苏"运动，但蒋南翔保持着清醒的头脑，并提出自己的看法：要从中国的实际出发学苏。他敢于提出，教育也要重视它的历史继承性，老清华大学的好传统和它的深厚基础要继承发展，英美先进的东西也要学习。苏联专家的业务指导要尊重，但中国是主权国家，教育方针政策要自己拿主意。后来的事实证明，为了坚持符合中国实际的办学方针，遇到了非常多的周折。1960年他在清华大学总结经验时，提出著名的"三阶段、两点论"的观点，即对清华大学在新中国成立前、新中国成立初期和1958年教育革命以来的3个历史阶段的工作都要做一分为二的分析，成绩都要加以肯定和继承，缺点都要认真克服，不断前进（安洪溪，1999）。

蒋南翔任清华大学校长并把资本主义式的旧的清华大学进行改造并建设成为社会主义的新型大学。他主持建立了新的学校教育制度，建立了一支又红又专的高质量的教师和职工队伍，积累了一整套办学、教学和建校的宝贵经验，使清华大学成为全国重点高等学校之一，为以后学校的发展奠定了坚实的基础。这些卓有成效的治校方针在当时高校中起到一定的示范作用。他及时制止把清华大学图书馆内的文科图书全部调走，使文科资料得以保留，是清华大学文科日后的复建前提。通过对工科的建设，为今日清华大学的理工科实力在全国之所以能独占鳌头奠定了坚实基础。他还从一个战略家的角度，敏锐地意识到校园发展空间的重要性，从而奠定了今日清华大学校园的格局（方惠坚等，2005）。

### 三　清华大学精神和价值传统的演进

总结近百年的清华大学精神，笔者本人认为，清华大学的精神和价值传统事实上还经历了一个演进的过程。以"耻不如人"为例，新中国成立前，清华大学学生深刻感受到对于民族耻辱的痛感，以此作为学习、奋斗、救国的动力，其实质是一种内化的爱国精神。新中国成立以后，蒋南翔校长一方面指出我们和国外相比，科学技术上还有很大差距，在这方面还要"知耻"；另一方面强调培养"红色工程师"，清华大学要为国家的发展做贡献，实质上是推进了一步，把爱国从内化的精神提升到了外化的行动。从"讲究科学"来看，新中国成立前清华大学强调"科学方法""科学家的眼光和态度"，到新中国成立后在面对政治压力时坚持"实事求是"，这同样是科学精神和科学态度的进一步发展。最后，"重视实干"的传统在清华大学更是经历了重要的演变和发展，清华大学刚刚成立时强调做学问时要"实证"，到朱自清先生强调"实干"，到新中国成立后"真刀真枪"做毕业设计，其含义则强调工程"实践"。从"实证"到"实干"到"实践"，每一个过程都是对清华大学精神的升华。

## 第三节　清华大学与麻省理工学院在大学精神和价值传统中的哲学倾向

笔者研究至此，不得不感慨的是，清华大学和麻省理工学院在建立和发展中具有极其相似之处。两个学校立校的精神和价值传统中，同时包含了"科学精神"和"重视实干"的传统。

由于讲求"实用"精神，相对于英国的牛津大学和剑桥大学，还有同在波士顿郊外的哈佛大学（晋保山，2007），麻省理工学院显得相当的"平民化"。在学校课程和学生构成上存在着明显的差异，在组织文化上也形成了其个性，成为麻省理工学院成功的重要因素。同样，在

19 世纪 10 年代，清华大学建校以"实用"办学，广纳社会各阶层的子弟，形成了"重视实干"的风气，与其时作为北京大学前身的京师大学堂被人称为官僚纨绔之地形成了鲜明对照，由此清华大学走上了快速发展的道路。

## 一　清华大学和麻省理工学院在价值追求中的实用主义倾向

实用主义英文原名是 Pragmatism，源出希腊文 πραγμα，意思即是行为、行动。它源于 19 世纪 70 年代的美国，是美国最有影响的哲学思潮，至今仍很活跃。美国是一个典型的移民社会，其居民来自不同的国家，不同的民族。因此，无论在对世界的认识，还是就个人的心理来说，他们都存在着极大的差异。在多元文化相互竞争、融合的基础上形成的实用主义哲学，以"效果"协调了人们的认识。实用主义的根本纲领是：把确定信念作为出发点，把采取行动当作主要手段，把获得实际效果当作最高目的。它鼓励人们通过自己的信念和自己的智慧去取得成功，而不是坐等着接受命运的残酷折磨。实用主义，它首先是一种方法，其次是关于真理是怎样发生的，是实践意义上的方法论。它趋向于具体与恰当，趋向于事实、行动与权力。它不代表任何特别的结果，不过是一种方法。其态度不是去看最先的事物、原则、"范畴"和假定是必需的东西，而是去看最后的事物、收获、效果和事实（单中惠，2002）。

前节已经说明，1846 年，罗杰斯在勾画麻省理工学院雏形的时候明确指出，传统的高等教育模式不能满足新时代的需要，需要建立一种新型的大学，这种大学植根于美国的土壤和文化。他指出，这所工艺学校将"超过国内任何大学"。这所学校不仅教授工艺技能，还进行科学理论基础的教育，最终为美国的工业发展和社会经济发展服务。他希望用文科和实用学科一起培养学生，使他们成为工程领域各行业的领军人物，而不仅仅是技术人员。罗杰斯的表述鲜明地体现了其实用主义哲学倾向。

清华大学在近百年的价值追求中，同样始终带有实用主义的哲学倾向。这种实用主义倾向反映的是清华大学对时代变革的积极回应，在对经济、社会及政治环境深刻认识的基础上，力图做社会中流砥柱的精神追求。

清华大学的初期发展，虽然渗透着西方文化的影响，但学校植根于中华民族优秀文化的沃土，形成了自己优良的传统和精神。以国学研究院四大导师王国维、梁启超、陈寅恪和赵元任为代表的清华大学学者，主张中西兼容、文理渗透、古今贯通，这种注重"实际效果"的理念，回避了中西到底谁为本体的无谓争论，对清华大学的发展产生了深远的影响。

清华大学早期的核心价值追求就是图强救国，这源于植根于"国耻"的历史记忆，也与当时的历史环境密切相关。而实现的路径就是清华大学人的"自强不息，厚德载物"，争当"世之表率，作中流砥柱，从而挽既倒之狂澜。"

到了新中国时期，清华大学人将自身的成长与国家的建设紧密联系起来，坚持"又红又专"，正是有了这样的教育理念，毕业时，清华大学人纷纷提出"祖国的需要就是我们最大的志愿""到祖国最需要的地方去"。他们将自己的全部才学甚至生命奉献给国家的建设与发展，实践了清华大学人的"自强不息，厚德载物""行胜于言"精神追求。

进入 21 世纪，清华大学开展了"我的事业在中国"就业引导活动，"入主流、上大舞台、干大事业"成为清华大学学子的共识，爱国、奉献、成才的清华大学光荣传统正在得到发扬光大。1966 级校友朱凤蓉少将在清华大学 90 周年校庆大会上的发言中的一段话表达了清华大学校友的共同心声："我们是从清华大学毕业的极普通的学生，仅仅因为我们投身到了一个伟大的事业中，仅仅因为我们把自己的理想追求同国家民族的命运结合起来，才体现了我们自己的人生价值。"

## 二　清华大学和麻省理工学院在价值追求中的工具性和终极性

表 5 - 1　罗克奇价值观（斯蒂芬·P. 罗宾斯，2005）

| 终极价值观 | 工具型价值观 |
| --- | --- |
| 舒适的生活（富足的生活） | 雄心勃勃（辛勤工作、奋发向上） |
| 振奋的生活（刺激的、积极的生活） | 心胸开阔（开放） |
| 成就感（持续的贡献） | 能干（有能力、有效率） |
| 和平的世界（没有冲突和战争） | 欢乐（轻松愉快） |
| 美丽的世界（艺术和自然的美） | 清洁（卫生、整洁） |
| 平等（兄弟情谊、机会均等） | 勇敢（坚持自己的信仰） |
| 家庭安全（照顾自己所爱的人） | 宽容（谅解他人） |
| 自由（独立、自主的选择） | 助人为乐（为他人的福利工作） |
| 幸福（满足） | 正直（真挚、诚实） |
| 内在和谐（没有内心冲突） | 富于想象（大胆、有创造性） |
| 成熟的爱（性和精神上的亲密） | 独立（自力更生、自给自足） |
| 国家的安全（免遭攻击） | 智慧（有知识、善思考） |
| 快乐（快乐的、休闲的生活） | 符合逻辑（理性的） |
| 救世（救世的、永恒的生活） | 博爱（温情的、温柔的） |
| 自尊（自重） | 顺从（有责任感、尊重的） |
| 社会承认（尊重、赞赏） | 礼貌（有礼的、性情好） |
| 真挚的友谊（亲密关系） | 负责（可靠的） |
| 睿智（对生活有成熟的理解） | 自我控制（自律的、约束的） |

罗克奇（Milton Rokeach）区分了两种类型的价值观：工具价值观和终极价值观。工具价值观（instrumental values）反映了达到目标的手段，也就是说，它们代表了为达到某种终极状态而采用的可接受的行为。终极价值观（terminal values）与工具价值观相反，代表了所要达到的目标或者存在的终极状态（斯蒂芬·P. 罗宾斯，2005）。

清华大学和麻省理工学院在立校以来的价值追求中不约而同地体现了工具性与终极性的统一。工具价值观和终极价值观的和谐共用，给大学发展提供了奋斗目标以及达到目标的可行方法。

仔细审视清华大学的校训，我们能够发现"自强不息，厚德载物"本身就是工具性与终极性的统一。从某种意义上，从早期的救国到新中国时期的建国再到 21 世纪的治国时期，清华大学人始终体现了爱国奉献这一终极价值，"又红又专""实干""行胜于言"以及"入主流、上大舞台、干大事业"追求则更多的是体现价值的工具性。今天，麻省理工学院宣称其使命是"推动知识进步，从事科学、技术以及其他学术领域的教育，使学生在 21 世纪更好地为国家及世界服务。"看看这一表述，和清华大学的价值追求又是何其类似！

## 第四节　小结

麻省理工学院和清华大学这两所大学今日的成功不是偶然的，"实用"的精神是这两所学校草创之初重要的办学理念，也是两所学校核心价值体系中重要的内容。事实上，"实用"的精神影响到两所学校的办学方式、学生构成和组织文化，从而为两所大学的成功提供了良好的可能。

麻省理工学院强调创新的精神，不断变革，引领了高等教育的发展，推动了科学和技术的进步；清华大学秉承爱国的意识，以国家责任为己任，为实现国家富强和民族复兴而努力。在大学发展的进程中，这两所大学取得了令人瞩目的成就。

# 第六章
# 大学组织文化的定量研究和深入分析

　　尽管清华大学和麻省理工学院在教育哲学、价值传统、管理制度、标志性特征等方面有诸多相似之处，但两国国情、历史传承和社会支持的巨大差异，使这两所学校毕竟存在组织文化的巨大差异。在对清华大学和麻省理工学院的大学组织文化进行描述的基础上，本章我们将对清华大学和麻省理工学院做定量研究和分析的尝试。近年来，大量的国内机构和团体曾经进行大学组织文化的国内外比较研究，以此来帮助国内大学更好地向世界一流大学发展，但是，由于大学组织文化本身的特性，这些研究往往停留在定性分析的层面上，对大学组织文化进行量化分析和研究存在相当的空白。本章通过对清华大学与麻省理工学院的组织文化开展问卷调查，力图站在中国与外国比较的角度，结合有关组织文化调查的一般结论，揭示和反映清华大学和麻省理工学院在大学组织文化的特点和不同。在量化分析之后，本章还拟对清华大学和麻省理工学院组织文化对其成员的影响加以分析和探讨，提出清华大学文化仍然存在的某些方面的不足之处。

## 第一节　组织文化的定量研究

　　多年来，国内外多个机构和团体不断试图归纳出组织文化的一般特征，引入并构建分析和研究组织文化的基本要素，进行组织文化的量化分析和研究。目前,在进行组织文化的定量研究领域,比较有影响的有丹尼尔·丹尼森的组织文化模型、金·S.卡梅隆的组织文化诊断工具等。

### 1. 丹尼森组织文化模型

瑞士洛桑国际管理学院(IMD)的丹尼尔·丹尼森(Daniel Denison)教授创建了著名的丹尼森组织文化模型。丹尼森教授通过对大量商业企业的业绩数据进行研究,结果表明:"四大文化特征—适应性、使命、参与性和一致性(adaptability,mission,involvement and consistency)—对企业的业绩影响重大。"这项大型研究的成果被浓缩为丹尼森组织文化模型。位于图形正中央的是企业员工的基本信仰和假设。图中有4个颜色各异的90度扇形区域,每部分又被细分为3个维度,从而给出该企业组织文化的完整面貌。丹尼森组织文化模型的测评方法通过一份由60个问题组成的问卷调查进行。该模型由于是从具体的商业运营环境中发展起来,因此具有一定的可靠性,能够取得较好的阐释效果(丹尼森,2010)。

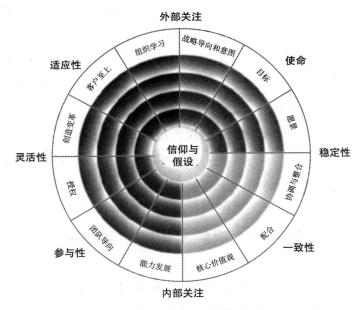

图 6-1 丹尼森组织文化模型

### 2. OCAI 组织文化评估工具

组织文化评估工具 OCAI（organigational culture assessment instrument）是由密歇根大学罗斯（Ross）商学院的金·S. 卡梅隆（Kim S. Cameron）教授和罗伯特·E. 奎因（Robert E. Quinn）教授等发明的另一测量组织文化的有效工具，这种工具业已被广泛应用于各组织当中以推测组织绩效。OCAI 组织文化评估工具由一系列问卷组成，问卷主要用来向组织里的个人了解他们对"组织的主要特征""组织领导力""人员管理""组织黏合力""战略重点"和"成功标准"6 个方面的看法。在将对组织绩效进行评价的指标整合起来后，组织文化的评估指标最终形成两个大组，四个方面，分别是灵活性与适应性、稳定和控制；关注外部竞争和差异性、注重内部管理和整合（金·S. 卡梅隆等，2006）。从这些评估指标来看，OCAI 组织文化评估工具与前述的丹尼森组织文化模型具有一定的相似性。由以上的四方面的评估指标构成了一个四象限图形，每个象限都代表了一组截然不同的代表组织效率的指标，4 个象限的组合就代表了做出不同评估的价值取向所在。

每一个象限做了一个代表其显著特征的命名：部落式、等级森严式、临时体制式和市场为先式，4 个象限说代表的组织类型符合组织科学发展过程中的 4 种主要组织特征，也是 4 种不同的文化类型。在卡梅隆的著作中对各类型所代表的基本文化内容做了详细说明。为了后续开展讨论的需要，本书中简单陈述如下。

**部落式文化**：部落式文化表明组织是一个友善的工作场所，注重灵活的内部管理。组织内人们可以互相分享成果。忠诚和传承是组织的基础，员工的奉献精神高涨，组织非常重视员工的长期目标和自我提升。这就像是家庭的延伸，领导就像是长辈导师，甚至是家长。组织的成功定义为组织内部环境和人心所向，组织用包括奖金在内的方式来鼓励团队合作、参与和一致性。

**等级森严式文化**："等级森严式文化表明组织是一个高度制度化和机构化的工作场所。有效率的领导是组织的协调者和组织者。程序告诉

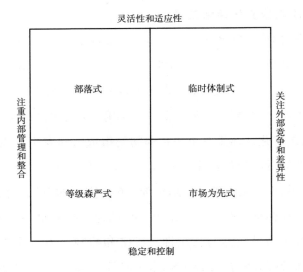

**图 6 – 2    OCAI 对立价值构架**

人们要做什么。维持组织处于顺畅地运行的状态非常重要。稳定、可以预见和高效率是组织长期关注的东西。清晰的决策构架、标准化的制度和工序，以及严格的控制、责任和义务都是成功的关键。

**临时体制式文化：** 临时体制式文化表明组织是动态的，创业式并且充满创意的工作场所。人们敢于伸出脖子冒风险。有效的领导是充满想象力、创新和风险导向的。使整个组织凝聚在一起的黏合剂是实验和创新的使命。重点被放在新知识、产品和服务的领先优势上。随时准备迎接变化和新的挑战非常重要。组织的长期目标重点是迅速成长和获得新的资源。成功意味着生产出独一无二的原创性产品和服务。

**市场为先式文化：** 组织的结构主要面对的是外部环境，而不是内部管理。市场为先的组织得核心价值观是竞争力和生产力，组织高度重视外部竞争和掌控，以业绩为重点。组织领导都是铁腕的生产者和竞争者，组织结合在一起的原因是为了赢得挑战，超越对手和成为市场主宰。

图像比数据测试或者复杂的数学表达式更能让人们理解其中的意义，为了更加形象地判断组织文化特点，需要将组织文化评估工具中 4

个选择平均分数绘制成组织文化轮廓。将 4 个选项分值绘制在各象限平分线上，再依次连接各点，就形成组织文化轮廓图，分别将现状和期望组织文化轮廓用不同线型绘制到同一张图上，便于观察。选项与象限对应关系如下：A. 部落式；B. 临时体制式；C. 市场为先式；D. 等级森严式。

对于组织文化轮廓，有一些基本的分析规则：类型，得分最高的象限表示该组织最重视的组织文化类型，这决定了组织基本的情况、风格和主流价值；差距，现状与期望的差距，是组织文化需要进行变革的地方；强度，得分决定文化强度，得分越高表明该文化类型强度越大；一致性，不同形式的组织文化可以协调地结合在一起。

OCAI 组织文化评估工具通过在工具中分两步分别设计代表现行和期望的问题，可以确认组织现行文化和组织成员认为应该发展的组织文化，并迎合将来环境发展的需要和组织将要面临的挑战。具体来说，OCAI 组织文化评估工具有 6 方面的考察内容，每方面的考察内容设计了 4 个选项，这 4 个选项分别针对每个评估方向的不同情况进行考察。填写时按照 100 分制，把 100 分按照考察的情况分配到这些选项当中，越是接近组织实际情况的选项在分配中将获得越多的分数，然后通过计算就可以找出分别代表现行和期望的 4 个选项各自平均的分。

值得注意的是，OCAI 工具不仅适用于商业企业，金·S. 卡梅隆（Kim S. Cameron）教授等曾经将此工具用于研究高等学府（Kim S. Cameron，1986）。据其研究显示，高等学府中，那些既注重创新和变革（临时体制式），又坚持稳定和控制（等级森严式）的学府表现最出色。

## 第二节　大学组织文化的定量研究和对比

综合比较后，本书选取了 OCAI 工具对清华大学和麻省理工学院的组织文化进行了问卷调查。问卷按照 OCAI 工具的规范进行设计，具体问卷如附录 A 所示。笔者在清华大学全校范围内通过网络形式发放了相应的问卷，按概率抽样调查，样本范围涵盖理科、工科、文科等多个学科多个院系和学校管理机构的师生，共发放问卷 300 份，回收问卷 259 份，有效问卷 259 份。在麻省理工学院则主要通过纸质问卷和电话的形式对老师和学生进行调研，共发放问卷 99 份，回收问卷 81 份，有效问卷 81 份。根据 OCAI 工具的规范，在清华大学和麻省理工学院发放的问卷达到了 1% 的抽样比率，满足了 OCAI 工具调查问卷的样本要求。

## 一　清华大学组织文化现状

如图 6 - 3 所示，实线连接的点为清华大学的现状得分（见上行标示数据），虚线连接的点为清华大学的期望得分（见下行标示数据）。由图可以看出，清华大学师生对组织文化的现状和期望的评分非常接近，这说明清华大学的师生们对现有组织文化感到信心，没有大幅度改变的意愿。

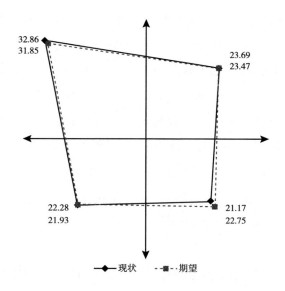

**图 6 - 3　清华大学组织文化现状与期望数据**

在清华大学占优势地位的为部落式文化，其次为临时体制式文化，再次为等级森严式文化和市场为先式文化，且后 3 种文化得分相差很小。如前所述，部落式文化与家庭型组织文化非常相似，充满了共享价值观和目标、团结与互助、彼此不分的氛围。与市场为先式文化和等级森严式文化不一样的是，部落式文化更注重团队精神，组织内人员可以互相分享成果。忠诚和传承是组织的基础，员工的奉献精神高涨，组织非常重视员工的长期目标和自我提升。这就像是家庭的延伸，领导就像是长辈导师，甚至是家长。部落式文化在清华大学得到了很好的体现，举例来说，在新生入学时，会被按院系划分到一个自然班，此后这个班级会一直存在直至学生毕业为止，每一位学生在集体中互帮互助，享受集体的温暖，为集体争取荣誉。而在研究生阶段，每一个实验室或研究室往往也形成了一个小的集体，在这个集体中，大家接触密切，了解彼此，并有着共同的研究方向，导师扮演了这个集体的家长这一角色，所有人则像兄弟姐妹一样一起工作，互相帮助。此外，清华大学存在相当数量的社会工作组织和学生社团。这些组织的领导者和普通员工之间的级差往往不超过 3～4 个，每一个组织都有自己的目标和主要从事的工作，所有人在一起为完成某项目标而共同奋斗。由此，在以部落式文化为主导的组织中，组织非常重视每个人的长期目标和自我提升，忠诚和传承是组织存在和发展的基础，大部分人具备良好的奉献精神。

## 二　麻省理工学院组织文化现状

如图 6-4 所示，实线连接的点为麻省理工学院的现状得分（见上行标示数据），虚线连接的点为麻省理工学院的期望得分（见下行标示数据）。由图可以看出，麻省理工学院师生对学校组织文化同样表现出了高度的信心，现状和期望的评分接近。

与清华大学数据类似，在麻省理工学院得分最高的为部落式文化，其次为临时体制式文化，再次为等级森严式文化和市场为先式文化，但前两项所得分数较为接近。比较发现，临时体制式文化在麻省理工学院组织文化中所占比例要高于清华大学。临时体制文化的特点就是动态的、创业式的并且充满创意的工作场所，人们敢于冒风险。在临时体制文化中，使整个组织凝聚在一起的黏合剂是实验和创新的使命，随时准备迎接变化和新的挑战。

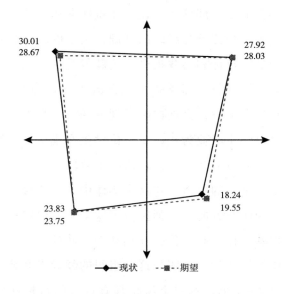

30.01  28.67          27.92  28.03

23.83  23.75          18.24  19.55

◆——现状    --■--期望

图 6 - 4  麻省理工学院组织文化现状与期望数据

## 三  清华大学和麻省理工学院组织文化的共性特点

### 1. 清华大学和麻省理工学院的组织文化正处在稳定发展期

由图 6 - 3 和图 6 - 4 可以看出，清华大学和麻省理工学院的师生对于各自组织文化的现状和期望评价接近，每项结果的差异不超过 2 分，4 种不同文化所占比例的排名在两校也相似。这说明，两校师生对本校的组织文化认同感较强，认为现行的组织文化即是适合学校发展的组织文化，且组织文化导向体现了高度的一致性。这一现象并不难理解，清华大学和麻省理工学院均是在各自国内乃至国际享有声望的大学，学科方向则以工科为主，相同的学科背景和学生组成使得两校的组织文化有着一定的相似性，并且在校内获得了师生的广泛认同。此外，这似乎也表明了这两所学校的组织文化相对单一，组织文化变革较为缓慢，外来的文化或者不断变化的文化很难在校园中长久生存的基本态势。

**2. 清华大学和麻省理工学院均处在部落式文化减少，市场为先式文化增加的趋势中**

虽然两校师生对于各自组织文化的现状和期望评价非常接近，但仍然不难发现，两校认为自身组织文化的变革趋势是一致的。图 6 - 3 和图 6 - 4 表明，两校认为临时体制式和等级森严式两种组织文化无须变革（现状和期望得分几乎相同），且均认为，需要减少部落式文化，增加市场为先式文化。有趣的是，部落式和市场为先式恰恰是两种对立的组织文化。在部落式组织里，被高度评价的高效能标准包括：凝聚力、高水平的员工士气和满足感、人力资源的发展和团队合作；在市场为先式的组织里，达到目标、超过竞争者、增加市场份额和获得丰厚的利润被给予高度评价。关于这一点，笔者认为可以做如下的理解：随着近年来各国经济的发展趋势，高校（包括清华大学和麻省理工学院）办学的资金来源正在悄然发生着改变，来自于国家和政府的拨款减少了，来自于企业的赞助和项目研发基金的份额上升了（Eykamp Paul William，1995）。因此，大学面对这一趋势，一心埋头钻研基础科学的时代渐行渐远，注重实用性和时代性的研究日益增多，大学组织文化受到了市场更甚于以往的深刻影响。值得说明的是，市场为先式文化在大学内发生影响是必然的，但如果程度过高也有可能导致学风不端正，过于急功近利追求经济利益，难以沉下心来做基础研究，在这一点上需要加以关注。

## 四　清华大学和麻省理工学院组织文化的差异

图 6 - 5 和图 6 - 6 分别为清华大学（见上行标示数据）与麻省理工学院（见下行标示数据）现状和期望的对比。由于两校现状和期望差别很小，此处不再分别讨论。由图 6 - 5 和图 6 - 6 可以看出，清华大学的部落式文化和市场为先式文化所占比例分别高于麻省理工学院，相应的，清华大学的临时体制式文化和等级森严式文化所占比例分别低于麻省理工学院。部落式组织内，忠诚和传承是组织的基础，员工的奉献精神高涨，组织非常重视员工的长期目标和自我提升，这就像是家庭的延伸，

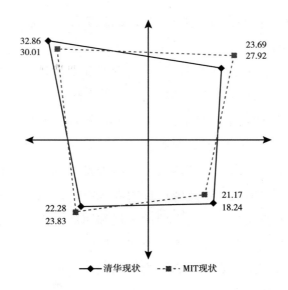

图 6 – 5　清华大学与麻省理工学院组织文化现状对比

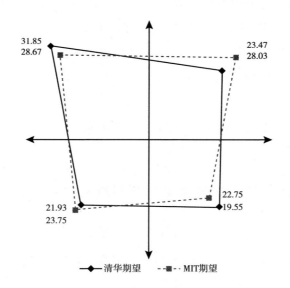

图 6 – 6　清华大学与麻省理工学院组织文化期望对比

领导就像是长辈导师，甚至是家长；临时体制式组织的一个主要目标是在不确定性和含糊的信息超过典型性时，培养适应性、灵活性和创造性；等级森严式组织长期关注的是稳定、可以预见和效率；市场为先式组织的核心价值观就是竞争力和生产力，如果分别用一个词来概括，可以将这一文化的特点解释为：团队、创新、高效和业绩。

清华大学与麻省理工学院差异最大的是临时体制式文化，其次为市场为先式文化和部落式文化，也就是说，清华大学较为注重团队合作精神，受市场的影响大于麻省理工学院，但在创造业绩和创新性方面与麻省理工学院还有较大的差距，效率也不如麻省理工学院高。一直以来，很多经历过中国与美国教育的人士都持有一种相同的观点，即中国大学的创新文化弱于美国大学，中国学生的创新能力低于美国学生，此项调查结果为这一论断提供了支持。笔者 2010 年春季在美国期间特地前往麻省理工学院学习观察。麻省理工学院有大量的中国学生，尤其是清华大学的本科和硕士毕业生在麻省理工学院攻读进一步的学位。在考察中，不少清华大学毕业生特地提出，刚刚到麻省理工学院时，他们习惯于问导师"我该干点什么"，导师的回答则往往是"那你就干点什么好了"。经历了一段麻省理工学院的学习和生活后，他们发现："不应该等着导师给你活干，而是自己去找一个有意义的问题，一个别人没有想到的问题，一个别人没有找到的角度，然后想办法解决它。"不可否认，浓厚的部落式文化在校园内提供了良好的学习和科研氛围，却从另一方面降低了学生的责任心和创造力。由此看来，用"听话出活"来形容清华大学学生和清华大学文化的确一语中的。

如前所述，高等学府中，那些既注重创新和变革，又坚持稳定和控制的学府表现最出色。从调查结果看来，清华大学与麻省理工学院的差距也恰恰在此。由此看来，清华大学离建成世界一流大学仍有一定的差距，仍然需要在创新能力和组织执行力上多多着力。

# 第三节　大学组织文化影响的深入分析

## 一　麻省理工学院学生关于大学组织文化影响的讨论

美国工程院院士，麻省理工学院终身教授托马斯·伊格曾在《麻省理工的领导风范、管理力和教育》一文中讲述，曾经有麻省理工学院的学生在校报 Tech Talk 上提问说，为什么麻省理工学院的毕业生通常到头来还是为耶鲁和哈佛的毕业生工作卖命？托马斯·伊格认为，这反映了麻省理工学院的学生没有孕育出学生的自信感（托马斯·依格，2009）。

　　进入麻省理工学院的学生都非常优秀，其中近半数是美国最好的高中毕业生，但在麻省理工学院学习中，他们都必须竭尽其所能才能完成学业。学业的压力和竞争影响了他们的自信心，成为麻省理工学院学生在离开麻省理工学院，独立开创事业时的障碍。这一问题被麻省理工学院的教师和学生所关注和认真思考。

　　同样的问题在清华大学也有相似的回应。例如，受"唯分数论"影响，清华大学的学生遇事喜欢量化，好分三六九等。在清华大学，成绩对于师生而言都是一件神圣而重要的东西，清华大学里学生的优秀与否，其第一评价标准就是分数，成绩不佳的同学由于其自信心受到挫折，一蹶不振的也颇为不少。再如，近年来，不少校友回到清华大学，询问学校的问题是："为什么这些年清华大学的校友在各行各业中做老总、做老板的这么少？在政府的校友也变少了？"由此可以说明，类似的问题在清华大学同样存在。

## 二　清华大学组织文化对清华大学人的影响

　　建校近百年，清华大学的组织文化中包含有宝贵的优秀品质，其中重要的一条就是自始至终坚持把国家利益与个人利益相统一，坚持将个人成长与国家兴盛相协调。无论是"一二·九"的呐喊，还是反对国民党反动政府的干涉；无论是新中国成立后"又红又专"的育人理念，还是"三支队伍"建设的高瞻远瞩，"爱国奉献"始终是"清华大学"成就的关键法宝。应该说，清华大学文化的成功绝不仅仅只证明了清华大学学生个人素质的优秀，其背后是服务于国家需要、着眼于时代使命的强烈社会责任感与历史责任感的强有力支撑，"时势造英雄"是解释清华大学现象最为重要的缘由之一。

人格（personality）通常指影响个体行为的、相对稳定的一系列个人的特征。是什么使一个人的行为在不同的情境下可以保持一致？人格特征就是个体差异中使一个人的行为保持一致的因素。本书考察清华大学组织文化的影响，试图在众多将清华大学文化的成功归结为上述的"时势造英雄"的因素之外，再从其对清华大学人的人格影响来稍做分析。

清华大学人在价值追求中，采用的是什么行为模式，表现的是什么人格特征呢？笔者下面透过大五人格模型和 MBTI（Myers Briggs Type Indicator）模型来进行简单的讨论。当然，毫无疑问的是，这不是说上述的"时势造英雄"的因素不重要，而只是说，在排除了人所处的环境因素，除了遗传因素，没有其他因素比文化对人的人格特征的影响和塑造更重要的了。

五因素人格（Five Factor Model，FFM），也被称为大五人格模式（BIG5），是重要的人格理论模式。根据大五人格理论模式，人的发展表现与其人格特征有着密切的关系。在大五人格模式的研究中，通过 5 种相对独立的因素可以描述人的个性，而通过这 5 个人格因素所描述出的人格特征则可以大体预期一个人未来的发展和表现。这 5 个人格因素分别是外向性、合群性、责任心、情绪的稳定性和经验的开放性，以每个人格因素满分 100 分计，根据有关的研究（黄治华等，2009），我们可以初步勾勒出清华大学早期、新中国成立后和 21 世纪三个阶段清华大学人的人格频谱变化图，如图 6 - 7。

再通过 MBTI 来观察，MBTI（迈布二氏类型指标）是根据荣格的《心理类型》发展起来的职业性格测试，和大五人格模式同样是目前具有权威性的性格测试。它把人的性格分为 16 种类型，由内倾（I）—外倾（E）维度、感觉（S）—直觉（N）维度、思维（T）—情感（F）维度、知觉（P）—判断（J）维度构成。根据清华大学校友在社会各行各业的工作情况（黄治华等，2009），大致发现清华大学人的个性类型主要集中在如图 6 - 8 所描绘的红色（ST）和橙色（NT）区域，尤其是红色（ST）区域，黄色（SF）和绿色（NF）区域则相对较少。以上反映出，清华大学人的基本性格类型属于偏向理性、遵从逻辑的类型。

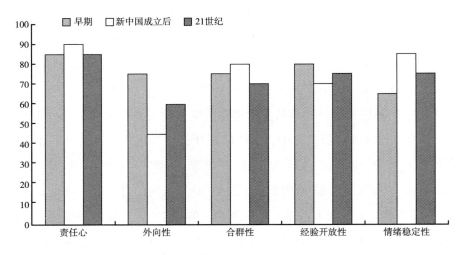

图 6 - 7　清华大学人的人格特征

| | E | I | E | I | |
|---|---|---|---|---|---|
| S | ESTJ | ISTJ | ESTP | ISTP | T |
| | ESFJ | ISFJ | ESFP | ISFP | F |
| N | ENTJ | INTJ | ENTP | INTP | T |
| | ENFj | INFJ | ENFP | INFP | F |
| | J | | P | | |

图 6 - 8　清华大学人的性格类型

　　上述无论是通过大五人格模式，还是通过迈布二氏类型指标来分析清华大学人的个性和人格特征，我们均发现清华大学人的性格特征具有明显偏好。毫无疑问，这些偏好体现了清华大学的组织文化对其中个体人格的影响。在现实生活中，人们就经常用严谨、勤奋、稳重但活跃不够，务实冷静、温和全面，勤勤恳恳，实事求是等来形容清华大学人。清华大学人就像一张拉满的弓，他们步伐迅速，眼神坚定，表情肃穆。

　　需要注意的是，清华大学文化对清华大学人个体人格的塑造，不能简单地理解为上述的内容。人的个体人格受多方面的因素影响，不能完全简单机械地用上述的分析来加以描述。况且，清华大学文化对清华大学人个体人格的塑造，由于符合客观历史条件而获得成功，并不代表其以后同样能够获得成功。必须承认，在今后中国的国家发展以及清华大学建设一流大学的过程中，清华大学的组织文化仍然需要审视其自身在培养人才上的不足，直面差距、奋勇追赶、臻于至善。以下笔者根据与部分清华大学人的访谈和研讨，提出清华大学文化仍然存在某些方面的不足之处，以供进一步讨论。

不足一：比较呆板，缺乏权变，仍未能很好地实现工具理性与价值理性的统一。提起"清华大学"，大家的第一印象一定是戴着深度眼镜、着装朴素、循规蹈矩的形象。长期以来，"行胜于言"的务实教育带给"清华大学"务实的作风，却也留给他们钻牛角尖、线性思维的缺点，服从于工具理性的逻辑思维，使得个人在价值追求、价值设计和价值实现等方面缺乏发散思维能力，适应性与权变性较差。

不足二：受职业教育影响，道德意识与责任感较强，但人文教育较弱，综合素养有待提高。由于工具理性的指引，清华大学文化的另一显著特点是遵守规则、力争表率，具有强烈的责任意识与奉献精神，对工作兢兢业业、一丝不苟。然而，21世纪对人才的要求，早已不单单只是解决具体问题和完成具体任务的个体，而是一个善于应对挑战，能够支撑创新发展的有力团队，这对人才的人文素养及综合素质的要求相对提高，也对清华大学文化未来的发展提出了新的要求。

不足三：受"唯分数论"影响，遇事喜欢量化，好分三六九等。在清华大学，成绩对于师生而言都是一件神圣而重要的东西，清华大学里的学生优秀与否，其第一评价标准就是分数。受工科思维影响，在清华大学开展研究工作，第一方法就是调查问卷，用数据说话；甚至于对食堂里师傅的评价、对学生就业的走向等方方面面的工作，都倾向于量化考核与比较，方法单一。这一方面反映出清华大学人的认真精神，但另一方面也的确呈现思维方式的简单与同质。

不足四：不够宽容，不太懂得欣赏他人的优点，衡量标准过于单一，过分强调整齐划一。在清华大学里，师生们普遍感觉规则感较强，大家都遵守规则，而不常追究规则本身是否合理。因此，面对好与坏的传统评价标准，清华大学文化习惯了按照规则区分优劣，却丧失了发现其优点、包容多样化的存在。对于未来综合性日益增强，合作与沟通作用日益明显的时代，对于培养多样化人才，不能说是一种好的影响。

# 第四节　小结

本章采用 OCAI 组织文化评估工具，对清华大学和麻省理工学院进行了组织文化的量化分析并进行比较研究。清华大学和麻省理工学院的大学组织文化目前都处于稳定发展期，两校的组织文化都相对单一，同时有一定的相似性，并且在校内获得了师生的广泛认同；两所大学组织文化都面临市场化影响增大的趋势。清华大学在创新文化的氛围上与麻省理工学院相比有较大的差距，需要加强创新能力的培养和创新氛围的建设。

大学组织文化对培养人才有重大影响。改革开放以后，中国在经济和科技中取得了进展，社会环境也日益多样化，清华大学需要审视其组织文化氛围上的不足之处，努力变革，适应培养人才的时代要求。

# 第七章
# 大学组织文化与组织变革的相互关系

在前面的多个章节，我们对清华大学与麻省理工学院的组织文化特征进行了分析和讨论，并从制度化要素的建设角度探讨了大学组织变革对组织文化的影响。这一章我们将首先从组织变革的理论入手，然后结合清华大学与麻省理工学院的组织变革实例，揭示和反映大学组织文化与组织变革的相互关系。毫无疑问，清华大学和麻省理工学院各自有其特点，而大学组织文化和组织变革也不可复制或移植，本章的研究将有相当的难度。因此，本章主要是试图从变革理论入手，从麻省理工学院和清华大学组织变革的具体实例引发分析和思考，并以此作启发性和探索性的分析和讨论。

## 第一节　组织变革

组织是一个动态开放的系统，且身处于一个互相关联的复杂环境之中。组织变革的理论研究与实践正是对于组织内外部环境的动态性（dynamics）的一种战略性回应。

### 一　现代组织变革理论的研究与实践

组织变革的理论研究始于 20 世纪 70 ~ 80 年代（托夫勒，1987），主要研究兴趣在于从众多组织管理的现象中分析出一组有意义的关键变量，从而形成一套分析性、解释性的组织变革理论，解释和预测组织变革的现象（Pascarella Perry，1998）。

前文已经给出组织变革的定义：组织变革是指"运用行为科学和相关管理方法，对组织的权利结构、组织规模、沟通渠道、角色设定、组织与其他组织之间的关系，以及对组织成员的观念、态度和行为，成员之间的合作精神等进行有目的的、系统的调整和革新，以适应组织所处的内外环境、技术特征和组织任务等方面的变化，提高组织效能。"

**图 7 - 1  组织变革发展轨迹**

从 1970 年至今，组织变革一直按照图 7 - 1 所示的发展轨迹发生和发展。时至今日，不少学者从实践中发现，组织变革并不是单一内容和方向的，比如仅仅是结构变革、文化变革或者流程变革（齐先朴，2007）。由此进行的组织变革往往很难成功，也满足不了企业的需要。比如说，虽然近期的组织变革研究强调流程非常重要，但是文化、结构、目的和关系的改进同样决定了企业的价值。另外，虽然变革已经是大势所趋，但对变革抱有不切实际的希望是不现实的，对变革不能估计过高（Pratt Zachary Lee，2004）。比如，佐恩·西奥多（Zorn Theodore，2000）就提出，应该放缓变革的步伐，仔细审视变革本身所产生的影响是否如同人们态度和语气。如果变革被涂抹了荣耀的色彩，对于变革本身并不一定会是件好事。

## 二  组织变革的影响因素

关于组织变革的影响因素，孟范祥等研究者（2008）曾经对动力因素和阻力因素加以总结，还有研究者就组织变革的原因进行过分析。

**1. 动力和阻力因素研究**

根据孟范祥的总结，齐拉格威（Szilagvi）曾经提出，组织变革的动力因素可分为内部力量和外部力量。内部因素包括组织结构、组织流程及人员行为等因素，外部力量包括技术升级、产业转移、国际贸易、政府政策和人口变化等。罗宾斯（P. Robbins）则指出，组织变革的主要因素是现代环境快速变动，包括国际局势的变动、社会趋势、经济冲击、技术变动、就业人口素质的变化和竞争对手态度等。尼德勒和肖（Nadler and Shaw）提出，外部不确定性往往引起组织变革。所谓外部不确定性，包括以下内容：法律法规的变化、组织成长、宏观经济趋势和危机、产业结构变换、技术创新、市场及竞争力、产品生命周期等。斯蒂尔斯（Steers）指出，组织外部和内部因素都有可能促使组织变革。外部因素主要有市场与经济的变化、资源可获得性变化、政治变化、技术变化。内部因素主要有组织目标的变化、员工目标变化、组织结构的变化、工作技术变化、环境变化等。

关于组织变革的阻力因素，格林伯格（Greenberg）指出，阻碍组织变革的因素主要可以分为组织的因素和人的因素。组织的因素主要是指组织的惰性，比如组织内的体制问题、决策问题、文化问题等。人的因素主要是指人对变革后果的不确定性，以及人在群体内的规范性。而理查德（Richard）指出，阻碍组织变革的因素包括：不确定性的规避、无法察觉的好处、过分注重成本、担心损失和缺乏协调合作等。

**2. 组织变革的原因分析**

从研究看来，组织变革的一般原因大致可以分成以下几类。

（1）经营环境变化。诸如政府经济政策的调整、产业结构的调整、经济形势和增长速度的变化、科学研究的发展所引起的新产品、新技术、新工艺的应用等。

（2）内部因素变化。内部因素的变化大致包括以下几种。

A. 人员因素的变化，比如组织内部人员结构的调整、人员素质的提高、劳动力市场变化引发的组织内人员与外界的交流等。

B. 技术因素变化，如新型技术在本企业内部的开发应用、企业内部自身开展技术改造和升级、技术服务和支持部门的服务水准变化、企业内部生产、营销、技术等部门的权限和优先级调整。

C. 管理因素的变化，如办公平台的优化整合、计算机和新型软件在管理中的推广应用等。

（3）组织自身变化带来的变革要求。在激烈的市场竞争中，企业处于不同阶段，企业的组织架构为适应市场不得不进行阶段性的调整。比如，中小企业成长性比较快，而大型企业强调稳定性；单一商品的企业面临的风险和成长性都比较高，而多种商品的企业则两者都较小。企业的规模、资源产地及产品产地的变动也决定了组织必须进行组织变革。

## 三　组织变革的策略

对于企业组织变革，曾经有一种比较流行的认识是：企业必须实施变革，如果不能接受变革就会灭亡。其实事实与这种认识并不一致，曾经有些企业选择进行变革，但结果是加快了企业的灭亡。研究发现，这其中涉及组织变革的模式选择的问题，也就是人们常常说到的几种比较典型的组织变革的策略：渐进式变革、激进式变革和计划式变革等。

组织变革是一个非常复杂的过程，既然组织变革会牵涉组织的各个方面，涉及组织的生死存亡，由此组织变革要特别讲求策略和方法（Hasan，1998）。

组织变革的方法策略主要包括渐进式变革、激进式变革和计划式变革（Kotter J. P. et al，1979）。所谓渐进式变革，一般而言就是在组织变革中，在组织的部分架构和制度、组织的阶段性目标、组织成员的具体行为等方面进行变革，努力取得变革的初步成果，然后再推展到组织的其他方面，从而通过局部变化影响整体的架构和制度。在渐进式变革中，一般而言，组织的价值观和组织文化有可能发生少量调整或者不发生重大变化。由于只涉及物质层，部分触动制度层，一般不在价值层面产生重大转变，由此变革不会与现有组织文化发生严重的冲突，变革的阻力将较小。所谓激进式变革，就是在组织变革中采用迅速的方式，在组织的基本价值观、组织文化、组织架构和组织内的制度、直到组织成员的具体行为等方面进行猛烈的、较大幅度的变化。激进式变革将在组织价值观、组织目标、组织制度、组织结构和组织成员的行为等诸多方面进行调整（Labianca，2001），由此必然产生组织文化的重新整合与调整。在激进式变革中，组织文化的转变是最慢的，也是最难的，但也是组织变革成功不可或缺的内容。计划式变革，指的是在制定好组织变革的基本规划之后，按照规划的内容，按时间、分步骤地对组织的目标、制度、架构和组织成员行为模式进行变革，通过系统性的变革步骤，实现组织的调整和转变，计划式的变革与前面的渐进式变革和激进式变革往往可以同步进行。

组织变革是有计划的，是一个复杂的系统工程，需要一段很长的时间。自组织决定进行变革开始，按照什么时间顺序，变革什么就成为组织变革成败与否的关键。

既然组织变革的内容可以划分为从表面到核心的 3 个层次，那么实际变革是否按照这个顺序发生，或者应该这样去操作呢？答案是否定的。在国外成功的大型企业或者组织的变革的案例中，总体上一般是按照由表及里的顺序进行变革的。当然，就具体细节来说，这 3 个层次也是互相交错的（Kreysing Matthias，2002）。

综合比较组织变革中的几种典型的模式，各有利弊，也都有着丰富的实践，人们可以在实践中根据自身的情况综合利用。如果从组织的内外部环境来看已经出现了重大变化，那么组织为了适应环境的变化，就有必要采用激进式组织变革的方式。考虑到有可能会影响组织的稳定性，甚至导致组织的毁灭，激进式变革本身不宜过于频繁。由此，学者们一般认为，从一个较长的时间段来看，在组织的两次激进式变革之间，组织可以选择进行渐进式变革（Leitzel Joan，2004）。

组织变革的策略应当包括以下几方面。

（1）积极稳妥。在组织变革前，一定要做好调查和宣传工作，然后再积极推行。

（2）全局观念。组织变革工作不是简单的仅仅是变革工作本身，而是要和组织其他方面的工作协调起来，在组织面对的目标任务、技术条件及人员队伍等诸多方面同步进行。

## 第二节　麻省理工学院的组织文化冲突与组织变革

### 一　麻省理工学院的组织文化冲突

1916 年，麻省理工学院从波士顿市区迁至坎布里奇，学院的发展获得了更大的空间，各系教育项目稳步前进，学生入学人数也平稳增加。1917 年，当美国卷入"一战"后，一方面是受到当时美国知识分子群体中风行的"如果最高尚的道德便是为民主社会服务，那么对于教授和大学来说，最崇高的使命就是投身于服务这个国家的事业"思潮的影响；另一方面也是出于获得更多政府资助的需要，麻省理工学院先后对教学方向做出调整，使其可以更好地适应美国工业生产和军工研究发展的趋势。然而，伴随"一战"而涌入校园的大笔资金在战争结束后迅速枯竭。在学院再次面临财政危机的同时，学院两位著名的教授诺耶斯与沃克之间关于基础研究与应用研究的分歧显示麻省理工学院已经走到了一个十字路口。

1903 年，化学系的诺耶斯（Arthur A. Noyes，1886 届）教授首先创办了物理化学研究实验室（the Research Laboratory of Physical Chemistry）。经费由学院、诺耶斯教授和卡内基研究所共同提供，一群有才华的研究人员组成了实验室的教员。几年的时间，他们的研究工作就给实验室和诺耶斯教授带来了世界级的声誉，1907 年，3 名诺耶斯教授指导下的物理化学方向的学生获得了学院第一批博士学位（舸昕，1999）。物理化学研究实验室在诺耶斯教授的带领下，积极进行化学方面的基础研究工作。

与此同时，化学系 1888 年就开设的化学工程专业随着化学工业的迅速发展而崛起，沃克（W. H. Walker）教授在工业界的支持下于 1908 年建立了应用化学研究实验室（the Research Laboratory of Applied Chemistry），这个实验室积极开展同工业界的合作研究，其研究经费也大量来源于工业企业。

诺耶斯和沃克两人都是学院化学系的教授，同时也是化学专业和化学工程专业的领军人物。两人在教育目标和研究理念上有着根本的分歧：诺耶斯坚持"用基础科学的原则、采用科学的方法来进行彻底的训练"，而沃克则主张"与理智的运用科学来解决出现在日常生活中的问题相比，教授和学习纯科学简直不值一提"（罗杰·L. 盖格，2008）。

学术分歧演变成组织文化的深刻冲突（周玲，2007）。1912 年，曾经代理物理化学研究实验室主任的刘易斯（Gilbert N. Lewis）教授由于对学院工业研究倾向的不满，带领几位年轻的研究人员前往加州伯克利大学担任化学系主任（麻省理工学院校长报告，1913）。1917 年开始，诺耶斯也每年前往加州的"盖茨化学实验室"进行 3 个月的研究。1919 年，沃克告知麦克洛林院长，如果诺耶斯不离开化学系，他将辞职。由于沃克同工业界的良好关系，麦克洛林院长不得不做出让步，最终诺耶斯教授在 1920 年辞去了麻省理工学院的职务，前往加州理工学院任职。

历史证明，这对学院来说是一个巨大的损失。进入 20 世纪以后，物理学的发展，特别是相对论和量子力学的提出引领了世界科学的发展。在第一次世界大战以后，基础科学开始在美国独立发展，化学开始成为一门独立的学科。接着在 20 世纪 20 年代，美国学生到英国和欧陆学习物理和数学，推动了美国科学在 30 ~ 40 年代的蓬勃发展。自然科学在 20 世纪前 20 年的腾飞要求高等教育机构加强基础科学的研究，但麻省理工学院显然还没有做好这方面的准备。学院教育中，基础自然科学地位非常低，数学、物理和化学是工程学科的附属。1919 年的麻省理工学院，物理学专业只有 15 名本科生，数学专业连 1 个本科生也没有，化学专业相对好一些，但数理化 3 个专业能收到的本科学生只占总数的 2% ~ 3%，工程学与工程管理则拥有 90% 以上的学生（麻省理工学院校长报告，1963 ~ 1964）。这在一定程度上导致了学院在 20 年代进入了发展的一个瓶颈期。

## 二　麻省理工学院的组织变革

康普顿于 1930 年 3 月 12 日担任麻省理工学院新任院长后，在其就职演讲中回顾了麻省理工学院发展的历史，他指出，学院是"科学的发展及其应用"，实现这一目标的手段是"通过持续的学习和研究与人才培养相结合"。他认为："学院的理想和目标是不应该被改变的，但科学对自然的发现和理解以及这一科学的应用还仅仅是一个开始，有许多更加合适和紧迫的工程项目可以与过去单纯的教授原理和培养人才的方式相结合来更好地为人类的幸福服务。尽管学院的目标不变，现实情况下还有一些关键的问题需要小心对待。"他特别指出，麻省理工学院需要着力做好几件事情（Karl Taylor Compton，1930）：一、强调基础科学作为自身研究以及工程分支基础的必要性，给予基础科学更大的关注；二、保持一流的教师队伍，提高教师的待遇，从而保证学院人才培养的质量；三、找到合理和有利的方式与企业进行合作。康普顿的演讲显示了他对麻省理工学院未来发展方向的把握。加强基础学科，将基础学科提高到与工程学科同等重要的地位，成为麻省理工学院组织变革和实现进一步发展的核心内容（Marvin Washington et al，2004）。

围绕着加强基础科学的目标，康普顿一方面通过院法人和执行委员会重组了学院的管理机构，将麻省理工学院按照学科与行政目的的不同分为 5 部分，分别是工程学院、科学学院和建筑学院，人文学部和工业合作部。康普顿修改和制定新的学校政策，进行学校管理权力的分权，强调各学院的自主管理。

康普顿在基础科学的学科建设上加大了投入（陈希等，1996）。数学方面，1930 年起，选修课和研究生课程增设了量子论的代数学。本科生课程中也增设了两门面向物理系大二和大三学生的课程。物理学方面，1930 年，麻省理工学院聘请哈佛大学理论物理学家约翰·C. 斯莱特（John C. Slater）担任物理系主任，托马斯·R. 哈里森（Thomas R. Harrison）担任物理系教授并担任物理学研究实验室主任，还引进了学者罗伯特·J. 范德拉格夫（R J. Van de Graaff），大大增强了物理系的师资力量（麻省理工学院校长报告，1930 ~ 1940）。化学方面，学院增加了教师和学生的实验空间，重新调整了课程设置。（Brewster K. Jr, 1965）

经过 10 多年的发展，麻省理工学院极大地改变了基础科学学科薄弱的状况，数学系在 30 年代中期已经成为美国最好的数学系之一，1937 年，物理系也进入美国最好的物理系前三名（万秀兰，1998）。麻省理工学院的组织变革使其在人才培养和科学研究方面取得了巨大的成就，同时为传统工程学科向纵深发展打下了坚实的基础（罗杰·L. 盖格，2008）。

## 第三节 清华大学的组织变革及其组织文化动因

### 一 1952 年院系调整后清华大学的组织变革

回顾清华大学的发展历程，1952 年院系调整后，其一度"损失很大"。当时的情况是，国内外知名的文学院和理学院已调整到北京大学，法学院也调整到北京大学并新成立了其他学院，而农学院在前一年已与北大农学院合并成立北京农业大学。清华大学羽翼正丰的工学院也被调整分散，颇负盛名的航空系是新建航空学院的主力，化工系是新建石油学院的主力。学校还有一些教师调到中国科学院、矿业学院、地质学院、钢铁学院和北京以外的其他学校。清华大学本校只剩下以土建和机电为主的系科，加上从原燕京大学工学院、北大工学院调入的相关系科。此时清华大学经过院系调整，由一所综合性大学转变成为工业大学。

应该承认，这次组织变革的动因是外在的，由国家和政府所引发（Zha Qiang，2006）。类似的情况在其他国家也多有发生（Bjorn stensaker et al，2001；Boer Harry F. et al，2007；Brennan Sebastian De，2006；Gumport P. J.，1999；Kim Tai～Young，et al，2007）。然而，在外部环境条件发生巨大变化的条件下，如何通过一系列的组织变革来适应环境，谋求发展，是清华大学面临的课题（孙锐等，2003）。

在当时的国内外环境下，要尽快让清华大学发展起来，达到较高水平，就必须建立和发展一批新的专业，形成自己的特色和优势。1952年，蒋南翔同志出任清华大学校长，他重视新专业与新学科的建设和发展，提出清华大学新专业的建立，既要考虑国家建设的需要，又要符合学校的教育规律。建立新专业时要高标准、严要求，集中优势力量，调集优秀的干部、教师和学生，在很短的时间里把一个专业、一个系建立起来，尽快地达到较高的水平。

1955 年 1 月 15 日，毛泽东主席主持召开了中共中央书记处扩大会议，讨论了我国实施核武器计划的必要性和可能性，做出发展中国原子能事业的伟大战略决策。在这样的形势下，蒋南翔考虑中国的高等教育如何适应科学技术发展的需要，怎样培养新兴科学技术发展需要的人才。他认为清华大学只搞传统工科是不够的，要建新专业，搞新技术。之后，蒋南翔在《高等教育考察团访苏报告》中详细报告了北京大学和清华大学设置新专业的计划和采取的措施。其中拟定在清华大学当年设立实验核子物理、同位素物理、远距离自动控制、电子学技术及无线电物理等专业，次年增设半导体及介电质、空气动力学、固体物理、热物理及稀有元素分离工艺等专业。中央同意蒋南翔的意见，清华大学从1955 年秋季起，相继设置了工程物理系等一批新技术专业。从全校各系和校机关抽调优秀教师和干部充实新系和新专业，其中包括何东昌、滕藤、吕应中、余兴坤等同志；从原有的系选调优秀学生进入这些新专业学习，后来担任清华大学校长、副校长的王大中、梁尤能等都是从其他系调入的学生。由于本校学生资源有限，还从上海交通大学等校抽调三年级学生到计算机专业学习。这样，这些新专业一开始就有水平高的师资和干部队伍，又有好的生源，培养起点较高，为以后的发展创造了条件（方惠坚，2005）。

1955年5月，蒋南翔在学校的干部会上讲："军事上取胜，要占领高地。科学上也是如此。当代科学技术上的高地有原子技术、喷气技术和计算机技术。从清华大学情况看，我们已经建起了一整套原子方面的专业。喷气技术国家另有安排。我们应把发展计算机技术作为自己的特点。"为了建立计算机专业，蒋南翔直接与负责筹建专业的教师和干部商量，首先在无线电系建立电子计算机专业，在电机系建立自动学远动学专业，明确指定这两个专业要为"一尖（航天）、一圆（原子）"服务。当时能够借鉴的经验只能从苏联得到，清华大学在苏联留学的教师请列宁格勒工学院院长帮助，收到了计算机专业的教学计划。从1956年暑假后，学校加快了计算机等新专业的建设。为了尽快为国家培养出学生，计算机系没有按常规采取一个台阶一个台阶上马的办法，而是4个台阶一起上，采取了不同寻常的办法。在1956年夏天，电子计算机专业抽调学生组成了一年级到四年级的班级，并同时上马全面的教学任务，其中四年级的高班学生是从清华大学和交通大学专门抽调的。这个班也就是后来大家常说起的计七班，当时是和中国科学院计算机研究所合办的，学生在该研究所参加过听课和研制计算机的实习。他们经过一年的紧张学习后就毕业了，使得在1957年就有了第一班计算机专业的毕业生。这个计七班是一个很重要的毕业班，学生毕业后大部分留在计算机系成为师资，或留在科学院计算所成为了研究骨干。他们之中的许多人后来在创建新中国的计算机事业中都起了重要的中坚作用。在1958年7月正式组建自动控制系后，教育部又从10所高校抽调了287名高年级学生到自控系四、五年级学习，其中计算机专业就有3个班的学生，系的规模也随之扩大（方惠坚，2005）。

20世纪50年代中期，清华大学建立起来的这批新技术专业，如工程物理系与计算机科学与技术系，到了80~90年代成为学校发展高技术的雄厚基础。面对 1952 年院系调整这一重大外部环境条件的变化，清华大学所进行的一系列组织变革取得了成功。由这次组织变革发现，"既要考虑国家建设的需要，又要符合学校的教育规律"，也就是清华大学组织文化中所坚持的国家意识，实际上是这次组织变革取得成功的重要因素。

## 二　改革开放以来清华大学的组织变革与其组织文化背景

改革开放以来，清华大学又进一步进行了大幅度的学科建设。学校相继成立经济管理学院、理学院、建筑学院、人文社会科学学院、信息科学技术学院、生命科学学院、法学院、公共管理学院、医学院、新闻与传播学院、航天航空学院、教育研究院和马克思主义学院等院系。1999 年，清华大学与中央工艺美术学院进行了合并，通过加强艺术与科学的融合，清华大学期待能够培养具有更好的人文精神和创新能力，符合 21 世纪社会需求和教育理念的人才（清华大学美术学院院务办，1999）。2005 年以后，清华大学虽然继续进行院系层面的学科调整，但从总体看来，学校已经基本完成了综合性的学科布局。

20 世纪 90 年代中期，清华大学明确了新的发展目标，提出了建设世界第一流的具有中国特色的社会主义大学的奋斗目标；改革了学校的管理体制，以党委领导下的校长负责制为基础，通过建立各类专门委员会来分别负责学校的各类发展与建设。

仔细探究改革开放以后清华大学所进行的组织变革，我们可以发现，在历次学科布局调整中，清华大学都特别强调"根据国家需要和科技发展前沿，优化学科结构，提高学科水平""为国家经济建设和社会发展服务"。由此可以发现，清华大学进行新的组织变革的动力，一方面仍然是国家意识，也就是清华大学要适应中国进一步发展的需要；另一方面是其责任意识，即清华大学把自身的目标定位于培养中国社会的拔尖创新人才。

# 第四节　小结

　　大学组织变革受到大学组织文化的深刻影响。组织文化可能成为组织变革的动力，也可能成为其阻力。从大学组织文化对组织变革的影响来看，清华大学的组织变革动力往往来自于其组织文化中所坚持的国家意识和责任意识。但组织文化也可能成为组织变革的阻力，麻省理工学院的组织文化冲突体现了这一点。值得注意的是，从第六章对清华大学和麻省理工学院组织文化的评测可以发现，这两所学校都对当前学校的组织文化深具信心，尽管这两所高校都各有其组织文化的问题，这可能会影响其进一步开展组织变革。

　　组织变革对于大学的发展和进步具有重要意义。从麻省理工学院和清华大学的案例可以看到，国家和地区的需要是大学建立的基础。对麻省理工学院而言，科学的发展（学科的发展、融合、交叉）是大学组织变革（和学科调整）的主要动因。对清华大学来说，国家和社会因素与组织文化分别是清华大学两次组织变革和大规模学科调整的主要动力。

　　大学组织变革，由于不同于企业组织变革面临市场的巨大压力，因此一般而言不需要采取激进的方式完成。由麻省理工学院和清华大学的实例看来，良好的大学组织变革，可以通过深入的思考、可预期的计划和渐进的方式得以实现。

# 第八章
# 大学组织文化和组织变革研究的结论

## 第一节  清华大学和麻省理工学院组织文化和组织 变革研究的结论

本书致力于描述清华大学和麻省理工学院两所著名大学的组织文化和组织变革，并展开对比、分析和讨论。由本书可以得出以下几个主要结论。

结论一：清华大学和麻省理工学院在组织文化上的相似性反映在组织文化的多个层面。

根据沙因把组织文化划分为价值层、制度层和器物层的基本方法，我们对清华大学和麻省理工学院的组织文化按照标志性特征、制度化要素和价值传统等多个方面进行了剖析。分析表明，不管是价值传统、制度设计还是符号、口号等诸多层面，清华大学和麻省理工学院在组织文化上体现了相似性。需要指出的是，这些相似性在清华大学建校之初，可以或多或少理解为清华大学对美国式大学文化的学习和借鉴；但在新中国成立后清华大学相对独立的发展历程中，在制度创新乃至日常运作等领域内所发展出的组织文化，同样与麻省理工学院具有相当的相似性。笔者认为，这显然不是偶然的。

结论二：清华大学和麻省理工学院在组织文化上的相似反映了

"实用"精神在学校组织文化中的独特作用。

1846年，罗杰斯在勾画麻省理工学院雏形的时候认识到，欧洲传统的高等教育模式不能满足新时代和新大陆的需要，需要建立一种新型的大学，这种大学植根于美国的土壤和文化。这所学校不仅要能够教授工艺技能，还要可以进行科学理论基础的教育，从而能够为波士顿乃至美国的经济发展服务。由此，麻省理工学院诞生之时将学校发展确立为开展有用知识的教育，促进社会发展，坚持专业教育与自由教育的结合。这些原则体现了鲜明的科学精神和实用哲学。

清华大学在其办学过程中，逐渐形成了讲求科学精神和讲求实干的学校风貌。在近百年的发展历程中，清华大学始终坚持对时代变革做出积极的回应，力图成为中国追赶西方、救亡图强过程中的中流砥柱，体现了鲜明的实用主义的哲学倾向。尽管清华大学建校初期并不是一个工科为主的学校，但这并没有影响清华大学和麻省理工学院所体现的相似的办学理念和教育哲学，也决定了清华大学敢于向世界一流大学迈进的文化底蕴。

结论三：清华大学与麻省理工学院在组织文化上的差距主要在于创新能力的培养和创新文化的氛围。

本书运用组织文化工具对清华大学和麻省理工学院的组织文化特征进行了量化分析，结果再次验证了人们的一般看法：清华大学的组织文化与世界一流大学相比，在创新能力的培养和创新文化的氛围上，始终还有相当的差距。1957年，埃德温·兰德在麻省理工学院发表演讲，其题目是"科学时代的大学理念"，他的主旨是每个人生来就有无限的潜能，大学要大力激发年轻人的创造力。兰德的建议被麻省理工学院归纳为"本科生研究机会计划"，年轻人有机会和教授一起从事科学研究，而不只是坐在课堂上记笔记。多年来，清华大学在学生中推行了 SRT（Student rejearch training）计划等科学研究计划，同样意图激发学生的创新能力。然而，从效果来看，由于在创新上稍有不足，清华大学的组织文化传统在这一点上似乎成为了桎梏，成为想象力和创新的障碍。

结论四：清华大学和麻省理工学院的组织文化与组织变革之间存在明显的相互影响。

大学组织文化的形成受到组织变革的影响。组织变革能够在大学组织文化的多个层面（特别是制度层面）产生重要影响。清华大学和麻省理工学院进行的组织变革，不仅直接影响了大学的发展，同时也直接或间接地塑造和影响了大学的组织文化。

大学组织变革同样深受其组织文化的影响。组织文化可能成为组织变革的动力，也可能成为其阻力。从大学组织文化对组织变革的影响来看，清华大学的组织变革动力往往来自于其组织文化中所坚持的国家意识和责任意识。但组织文化也可能成为组织变革的阻力，麻省理工学院的组织文化冲突体现了这一点。值得注意的是，从第六章对清华大学和麻省理工学院组织文化的评测可以发现，这两所学校都对当前学校的组织文化深具信心，尽管这两所高校都各有其组织文化的问题，这可能会影响其开展组织变革。

结论五：清华大学和麻省理工学院受益于符合其组织文化传统的、有计划的组织变革。

历史表明，麻省理工学院的发展转型是一个有计划的组织变革过程。在 20 世纪 20 年代麻省理工学院发展缓慢的阶段，麻省理工学院新任校长康普顿有计划地开展了组织变革，通过强化基础科学的发展，进行管理机构的改革，使麻省理工学院得以进一步发展和成功。清华大学在 1952 年院系调整后的一段时间内，蒋南翔校长通过有意识地布局国家急需的新专业，为清华大学迅速形成学科优势起到了关键的作用。改革开放后，清华大学进一步有计划地完善学科布局，为学校跻身世界一流大学打下基础。从组织文化的角度来分析，大学（特别是理工科为主的大学）成功进行的组织变革都是有计划的渐进式的组织变革。

结论六：清华大学和麻省理工学院需要不断更新其组织文化，克服单一性，营造多样化的、鼓励学科交叉和学科文化融合的组织文化环境，以利于学校的进一步变革和发展。

清华大学和麻省理工学院的师生对于各自组织文化的现状和期望的认识都过于接近。一方面，清华大学和麻省理工学院作为在各自国内乃至国际享有盛誉的一流大学，能够使在其校园内的师生具有强大的认同感，但值得担心的是，相同的学科背景和学生组成，同样表明了大学组织文化的相对单一，外来的文化或者不断变化的文化很难在校园中长久生存的基本态势。这有可能不利于大学的组织变革，影响大学的长远发展。由此，营造多样化的、鼓励学科交叉和学科文化融合的组织文化环境应当是清华大学和麻省理工学院各自的重要任务。

## 第二节　本书取得的一些进展

立足已有的创新成果，本书对大学组织文化的研究做了一些开创性的探索工作。主要的进展集中在三个方面。

第一，本书从大学组织文化的角度对清华大学和麻省理工学院进行了较为全面、系统的梳理和对比。

尽管大学文化，特别是大学组织文化是近年来学术研究的热点问题，但是，系统完整地描述和分析大学组织文化在至今的研究中却非常之少。本书对清华大学和麻省理工学院的大学组织文化的梳理全面、系统，翔实贴切，两校组织文化的对比和分析具有一定的启发性。

第二，本书在大学组织文化的研究中引入了量化分析，具有创新性，并取得了良好的结果。

量化分析在企业的组织文化研究中较为常见，但这些量化分析的方法很少用于大学组织文化的研究，也缺少这方面的基础数据。本书不仅在大学组织文化的研究中引入了量化分析，而且运用对比的方法对清华大学和麻省理工学院进行分析研究，具有一定的创新性，并取得了良好的分析结果。

第三，本书对大学开展的组织变革从组织文化角度加以探讨，分析组织文化与组织变革的相互影响，符合学校的实际，具有实践意义。

组织变革与组织文化密切相关，特别是对大学这类文化机构，其组织变革和组织发展更加依赖于其组织文化。本书把组织文化研究与组织变革研究关联起来进行考察，考察清华大学和麻省理工学院两所学校的组织文化变革历史，总结其经验，并进行理论解释和分析，对未来的研究具有实践和操作上的意义。

# 结 束 语

　　本书依赖清华大学和麻省理工学院的大量资料进行。在分析清华大学和麻省理工学院大学组织文化的过程中，尽管笔者曾经两次赴麻省理工学院进行考察并搜集整理资料，资料仍显得有所不足，加上我们的研究水平有限，因此，本书仍然有可能存在认识上和信息上的偏差，研究中也难免存在不少疏漏和不足。对大学组织文化基本理论的研究还不够系统，对案例的分析还不够深入，对大学组织文化进行量化分析缺乏更广泛的实践验证和更有说服力的证据，对清华大学和麻省理工学院组织文化的对比尚有许多不准确之处等。所有这些问题需要随着实践的深入，通过将来的研究工作逐步深化而予以解决。

　　在大学组织文化研究的基础上，进一步把组织文化和组织变革的研究关联起来，更全面和系统地分析大学组织变革的产生、发展和其影响，是未来研究的方向。相信关于大学组织文化和组织变革的研究，将一定会促进中国大学的发展和进步！

# 参考文献

爱德华·泰勒：《原始文化》（连树声译），广西师范大学出版社，2005。

安洪溪：《蒋南翔理论联系实际教育思想在清华的实践》，《清华大学教育研究》1999年第3期。

彼得森·马文：《大学和学院组织模型历史演化的视角》，《北京大学教育评论》2007年第1期。

伯顿·克拉克：《高等教育新论——多学科的研究》（王承绪等译），浙江教育出版社，1988。

伯顿·克拉克：《高等教育系统：学术组织的跨国研究》，王承绪等译，杭州大学出版社，1994。

C.帕斯卡尔·扎卡里：《无尽的前沿——布什传》，周惠民等译，上海科技教育出版社，2001。

陈超、赵可：《国外大学实践教育的理念与实践》，《国外教育研究》2005年第32期。

陈超群、杨舰：《清华大学工学院的创建》，《中国科技史料》2004年第4期。

陈潮光：《塑造我国现代大学组织文化》，《华南师范大学学报》（社会科学版）2006年第4期。

陈茜:《一项关于学校组织文化的个案研究》,华东师范大学硕士学位论文,2002。

陈希、郑大钟:《MIT 工程教育的几次重大变革》,《清华大学教育研究》1996 年第 2 期。

陈希、郑大钟:《MIT 工程教育的办学意识》,《清华大学教育研究》1997 年第 1 期。

陈希:《大学精神是大学的灵魂》,http：//theory. people. com. cn/GB/49167/4535461. html,2006。

陈寅恪:《王国维纪念碑铭》,1929。

陈宇琳、田瑞丰、姜洋:《麻省理工学院建筑与规划学院》,《世界建筑》2009 年第 1 期。

程浩萍:《干部考核及其引导下的高校组织文化剖析》,华东师范大学博士学位论文,2007。

大卫·沃德著:《令人骄傲的传统与充满挑战的未来：威斯康星大学的 150 年》,李曼丽、李越译,清华大学出版社,2007。

《丹尼森组织文化模型》. http：//www. denisonconsulting. com/home. aspx。

戴跃侬:《现代大学精神与社会主流文化建设》,《煤炭高等教育》2003 年第 1 期。

丁文魁,2004,《一位勤于耕耘的学长—记中国工程院院士、流体密封工程技术专家王玉明》［EB/OL］.（2004 - 4 - 8）［2010 - 10 - 13 ］. http：//www. tsinghua. org. cn：8080/alumni/messageshtml/5901/1099904514339. htm。

方惠坚、郝维谦、宋廷章、陈秉中,2005,《蒋南翔传》,清华大学出版社。

范国睿:《学校管理的理论与实务》,华东师范大学出版社,2003。

费曼:《别闹了,费曼先生：科学顽童的故事》,生活·读书·新知三联书店,2007。

冯大鸣：《英美澳教育领导理论十年（1993～2002）进展述要》，《教育研究》2004年第3期。

冯务中：《清华八斋》，《寻根》2005年第6期。

H. T. 弗兰克：《创造未来美国大学的作用》，王晓阳、蓝劲松等译，清华大学出版社，2007。

傅林、胡显章：《大学文化研究综述》，《云南大学学报》（社会科学版）2004年第1期。

傅林、胡显章：《追寻大学理想——清华大学办学理念的形成与发展》，《清华大学教育研究》2005年第6期。

高达声：《美国大学的〈科学、技术和社会研究计划〉概述》，《科学经济社会》1987年第5期。

舸昕：《从哈佛到斯坦福－美国著名大学今昔纵横谈》，东方出版社，1999。

顾秉林：《促进人文、艺术、科学教育的融合追求真、善、美的统一》，《清华大学教育研究》2002年第2期。

顾秉林：《大学精神是大学文化建设也是大学发展的核心要素》，2003a. http：//news. tsinghua. edu. cn/new/readnews. php？id=6547。

顾秉林：《坚定不移地向世界一流大学的目标迈进》，《清华大学教育研究》2003（b）年第3期。

顾秉林：《学习蒋南翔教育思想建设世界一流大学》，《清华大学教育研究》2004年第1期。

郭卉：《权利诉求与大学治理》，华中科技大学博士学位论文，2006。

郭樑、黄文辉、钱锡康：《蒋南翔工程教育思想的成功实践及其发展》，《清华大学教育研究》2006年S1期。

郭祖仪：《试论高校组织文化的提升与组织形象的塑造》，《高等教育研究》2001年第5期。

海尔·G. 瑞尼：《理解和管理公共组织》，王孙禹等译，清华大学出版社，2002。

郝维谦：《对蒋南翔教育思想的认识》，《中国高教研究》1999 年第 1 期。

何蒂蕊、王孙禺：《一九九五年美国大学、研究生院排行榜》，《比较教育研究》1996 年第 2 期。

亨利·埃兹科维茨：《三螺旋》，周春彦译，东方出版社，2005。

亨利·埃兹科维茨：《麻省理工学院和创业科学的兴起》，王孙禺译，清华大学出版社，2007。

胡琳琳：《健康与中国经济增长：理论框架和经验分析》，清华大学博士学位论文，2006。

胡仁东、马飙：《冲突与融合：大学组织的文化解读》，《徐州师范大学学报：哲学社会科学版》2010 年第 1 期。

黄继英：《国外大学的实践教学及其启示》，《清华大学教育研究》2006 年第 4 期。

黄晟、王孙禺：《浅谈新时期大学文化构建》，《大学（研究与评价）》2007 年第 12 期。

黄延复：《清华传统精神》，清华大学出版社，2006。

黄治华：《清华的价值追求》，清华大学内部资料，2009。

黄政杰主编《大学的自主与责任》，（台湾）汉文书店，1997。

纪宝成：《对大学理念和大学精神的几点认识》，《中国高等教育》2004 年第 1 期。

季诚钧：《大学组织属性与结构研究》，华东师范大学博士学位论文，2004。

姜晨怡、司宝欣：《五十年后再相会——记"清华大学体育代表队成立五十周年庆祝大会"》．http：//news.tsinghua.edu.cn/new/readnews.php？id＝8945，2008。

姜传松：《大学组织科层化：二律背反及其调适》，《江苏高教》2007 年第 2 期。

蒋南翔：《蒋南翔文集》，清华大学出版社，1998。

蒋文宁：《文化管理：大学管理变革的新探索》，广西师范大学硕士学位论文，2007。

杰伊·M. 沙夫里茨、J. 史蒂文·奥特：《组织理论经典（英文版）》，中国人民大学出版社，2004。

金·S. 卡梅隆、罗伯特·E. 奎因：《组织文化诊断与变革》，谢晓龙译，中国人民大学出版社，2006。

金保华、张国强：《大学组织文化建设刍议》，《扬州大学学报》（高教研究版）2007 年第 1 期。

金顶兵：《论大学组织中的文化失灵与文化重建》，《清华大学教育研究》2006 年第 2 期。

金顶兵、闵维方：《论大学组织中文化的整合功能》，《北京大学教育评论》2004 年第 3 期。

晋保山：《解析哈佛大学的组织文化》，《边疆经济与文化》2007 年第 10 期。

靳贵珍：《美国工科研究生教育的旗舰：麻省理工学院的经验与启示》，《学位与研究生教育（增刊）》，2007。

孔钢城：《麻省理工学院发展转型动因研究》，清华大学博士学位论文，2009。

瞿福平、马璟、汪慧：《通往成功：MIT 工学院本科实践机会计划》，《高等工程教育研究》2005 年第 1 期。

克拉克·科尔：《大学的功用》，陈学飞等译，江西教育出版社，1993。

李灿：《由大学组织文化"场效应"反思大学精神的失落》，《煤炭高等教育》2008 年第 2 期。

李传信：《在办学实践中创新 在时代曲折中开拓——蒋南翔与清华大学》，《清华大学教育研究》1999 年第 1 期。

李福杰：《大学文化视野下的大学发展研究》，华东师范大学博士学位论文，2006。

李会春：《新中国高等教育的开拓者蒋南翔》，《教育与职业》2007年第 10 期。

李江涛：《清华大学加盟全球在线教育平台 近期将推出 4 门在线课程》．http：//news.xinhuanet.com/2013 － 05/22/c＿115866242.htm，2003。

李尚群：《组织文化与大学精神研究述评》，《当代教育论坛》2006年第 5 期。

李世超、苏竣：《大学变革的趋势——从研究型大学到创业型大学》，《科学学研究》2006 年第 4 期。

李向荣、李蔚、陈刚：《开放共享提高——MIT 开放式课程的运行机制、特色及启示》，《清华大学教育研究》2007 年第 3 期。

李亚明：《国立清华大学时期的教育教学理念》．http：//www.tsinghua.org.cn/alumni/infoSingleArticle.do？articleId ＝ 10036046&columnId ＝ 10007841，2009。

李越、叶赋桂、蓝劲松，2002，《跻身世界一流大学的学术基准》，《教育发展研究》2002 年第 12 期。

李作战：《组织变革理论研究与评述》，《现代管理科学》2007 年第 4 期。

林杰：《美国高校组织理论中的学院模型》，《高等教育研究》2006年第 7 期。

林杰：《美国大学的组织冲突及冲突管理》，《清华大学教育研究》2007 年第 1 期。

林杰：《美国院校组织理论中的文化模型》，《清华大学教育研究》2008 年第 2 期。

林一钢、何强：《学校课程领导、组织文化与教师专业发展关系的研究》，《江西教育科研》2005 年第 7 期。

刘俊、王孙禺：《经济全球化条件下的大学组织文化演变》，《清华大学教育研究》2006 年第 1 期。

刘荣暄：《国外研究生教育发展和改革趋势》，《科技导报》1994 年第 2 期。

刘淑华：《反思与超越：后现代主义视野下的高校组织文化景观》，《中国石油大学学报》2006 年第 2 期。

刘蔚如：《清华发布"学堂在线"大规模开放在线课程平台》. http：//news. tsinghua. edu. cn/publish/news/4205/2013/20131011172652211893299/20131011172652211893299_ . html，2013。

柳夏：《清华大学隆重纪念赵访熊先生诞辰 100 周年》. http：//news. tsinghua. edu.  cn/new/news. php？id = 19260，2008。

龙必尧：《组织文化的功能对高校人力资源管理的启示》，《贵州民族学院学报》（哲学社会科学版）2007 年第 4 期。

罗杰·L. 盖格：《增进知识——美国研究型大学的发展（1900 - 1940)》，王海芳等译，河北大学出版社，2008。

罗素：《西方哲学史》，商务出版社，1982。

罗先良、王冰峰：《我国高等教育管理制度创新——制度经济学视角》，《华中师范大学研究生学报》2005 年第 4 期。

吕露英、崔凯：《实践育人五十载，"真刀真枪"筑丰碑》. http：//tsinghua. cuepa. cn/show_ more. php？tkey = &bkey = &doc_ id = 345110。

《麻省理工学院校长报告（1929 ~ 2004 年)》，清华大学教育研究所译，清华大学内部资料。

马宇恒：《国有医院组织文化评估维度的案例研究》，电子科技大学硕士学位论文，2007。

梅贻琦：《大学一解》，《清华大学学报》1994 年第 13 期。

孟范祥、张文杰、杨春河：《西方企业组织变革理论综述》，《北京交通大学学报》（社会科学版）2008 年第 7 期。

孟领：《西方组织变革模型综述》，《首都经济贸易大学学报》2005

年第 1 期。

苗炜：《探访麻省理工：科学家的摇篮 》. http：//news. sina. com. cn/w/sd/2010 - 10 -09/133821239747. shtml，2010。

宁本涛：《经济学视野中的学校经营及其发展模式研究》，华东师范大学博士后研究工作报告，2003。

彭熙、邓成超：《论创新教育与工程创新人才的培养》，《西南师范大学学报》（人文社会科学版）2002 年第 4 期。

齐先朴：《当代西方领导组织变革的若干新理论研究综述》，《长江论坛》2007 年第 5 期。

清华大学工程教育课题组：《建立具有国际实质等效性的中国高等工程教育专业认证制度研究》（讨论稿），清华大学内部资料，2006。

清华大学教育研究所编译《麻省理工学院校长报告（1929 - 2005 年度）》（三卷本），清华大学内部资料。

清华大学美术学院院务办编《艺术与科学的握手》，清华大学内部资料，1999。

清华大学校史研究室，1994，《清华大学史料选编》，清华大学出版社。

清华一览，1927，清华大学档案馆。

任剑涛：《大学组织文化与办学模式》，《中国人民大学学报》2007 年第 5 期。

单中惠：《现代教育的探索——杜威与实用主义教育思想》，人民教育出版社，2002。

斯蒂芬·P. 罗宾斯：《组织行为学》，孙健敏，李原译，中国人民大学出版社，2005。

斯格特：《组织理论：理性、自然和开放系统》，黄洋等译，华夏出版社，2001。

郑刚：《梅贻琦"教授治校"管理思想论析》，《高校教育管理》2009 年第 1 期。

孙敦恒：《清华国学研究院史话》，清华大学出版社，2002。

孙锐、王战军：《研究型大学的演化动力分析》，《高等教育研究》2003 年第 1 期。

田端智：《德智皆寄于体》，http：//news. tsinghua. edu. cn/new/news. php？id = 16960，2007。

田华：《从新公共管理到新公共服务：服务型教育政府的构建》，《中国教育学刊》2006 年第 8 期。

托夫勒：《适应性公司》，伍仁译，中国展望出版社，1987。

托马斯·依格：《麻省理工的领导风范、管理力和教育》，刘晓刚、张家惠、梁婷译，《清华大学教育研究》2009 年第 3 期。

万秀兰：《国外高校战略规划的研究及借鉴》，《上海高教研究》1998 年第 5 期。

王国维：《人间词话》，齐鲁书社，1981。

王孙禺：《希望与崛起——美国麻省理工学院电机工程系 100 年发展史》，孙宏芳等译，清华大学内部资料。

王孙禺、袁本涛、黄明东：《高等教育组织与管理》，高等教育出版社，2008。

王孙禺、郑燕康、刘颖：《近年来美国工程硕士计划改革动向》，《清华大学教育研究》1996 年第 2 期。

王晓华：《纽曼的大学目的观与功能论》，《清华大学教育研究》2001 年第 1 期。

王晓阳、王佳：《理工科院校怎样发展文科——从麻省理工学院发展文科说起》，《中国高等教育》2000 年第 22 期。

王雪莉：《影响中国企业组织变革成功的因素研究》，清华大学博士学位论文，2003。

王玉衡：《威斯康星大学实践美国大学教学学术思想述评》，《比较教育研究》2008 年第 1 期。

魏宏森：《钱学森与清华大学之情缘》，《清华大学学报》（自然科学版）2008 年第 11 期。

吴伟伟、程莹：《MIT 的化学工程教育：历史、现状与启示》，《化工高等教育》2006 年第 5 期。

肖咏梅、曾晓萱：《80 年代 MIT 校长保罗·格雷的教育思想》，《清华大学教育研究》1994 年第 1 期。

肖智星、陈春花：《组织文化视野下的领导行为方式研究》，《科技进步与对策》2001 年第 11 期。

谢矜、孙宏芳：《由校友与校庆活动看清华大学的组织文化建设》，《清华大学教育研究》2007 年 S1 期。

谢翌、马云鹏：《学校文化的反思与重建》，《比较教育研究》2008 年第 8 期。

徐葆耕：《大学精神与清华精神》，《河南税务》2001 年第 12 期。

许立侠：《研究型大学组织文化的审视与构建》，山东师范大学硕士学位论文，2007。

宣勇：《大学组织结构研究》，华东师范大学博士学位论文，2004。

严峰：《中国大学文化研究》，复旦大学博士学位论文，2006。

阎光才：《大学组织的管理特征探析》，《高等教育研究》2000 年第 4 期。

阎光才：《识读大学——组织文化的视角》，华东师范大学博士学位论文，2001。

阎光才：《识读大学——组织文化的视角》，教育科学出版社，2002。

阎光才：《技术社会中大学教育的人文与生态关怀》，《高等教育研究》2003 年第 5 期。

杨川生：《管理学视角下的大学组织文化建议路径研究》，西南交通大学 MBA 硕士论文，2006。

杨春宝、牛德丽：《校长领导行为与学校组织文化建设关系浅析》，《重庆科技学院学报》（社会科学版）2009 年第 1 期。

杨连生：《大学学术团队的组织文化建设探析》，《辽宁教育研究》2006 年第 11 期。

杨全印：《学校文化建设：组织文化的视角》，华东师范大学博士学位论文，2005。

杨然：《大学组织文化研究》，中南民族大学硕士学位论文，2008。

殷瑞钰：《关于工程与工程创新的认识》，《岩土工程界》2006 年第 9 期。

于歆杰、王树民、陆文娟：《美国三所大学〈电路原理〉及相关课程考察》，《清华大学教育研究》2003 年第 2 期。

于歆杰、陆文娟、王树民：《麻省理工学院教育教学考察报告——基本情况篇》，《电气电子教学学报》2004 年（a）第 2 期。

于歆杰、王树民、陆文娟：《麻省理工学院教育教学考察报告（二）——培养方案与课程设置篇》，《电气电子教学学报》2004 年（b）第 5 期。

于歆杰、朱桂萍、刘秀成：《麻省理工学院教育教学考察报告（三）——"电路与电子学"课程教学法篇》，《电气电子教学学报》2004 年（c）第 5 期。

于歆杰：《麻省理工学院教育教学考察报告——感受篇》，《电气电子教学学报》2004 年（d）第 6 期。

余寿文、张玫、袁德宁：《研究新的变化 建立新的平衡—美国部分著名高校教育考察报告》，《高等工程教育研究》1995 年第 2 期。

约翰·范德格拉夫：《学术权力——七国高等教育管理体制比较》，王承绪等译，浙江教育出版社，2003。

曾开富：《哈佛大学与麻省理工学院学科布局的比较研究》，《清华大学教育研究》2006 年 S1 期。

曾晓萱：《MIT 的教育改革大讨论》，《高等工程教育研究》1988 年第 3 期。

曾晓萱：《128 号公路创展发明的摇篮——MIT》，《高等工程教育研究》1992 年第 4 期。

曾晓萱：《MIT 的奠基者——W. B. 罗杰斯及其工程教育思想》，《高等工程教育研究》1993 年第 2 期。

翟常秀：《高校组织文化与教师工作满意度关系的研究》，贵州师范大学硕士学位论文，2006。

张成林、曾晓萱：《MIT 工程教育思想初探》，《高等工程教育研究》1988 年第 1 期。

张弛：《美国研究型大学战略规划工作探析》，《高等教育研究》2005 年第 10 期。

张凤莲、安红溪、江丕权：《探索办好社会主义一流大学的目标模式》，《清华大学教育研究》1993 年第 2 期。

张凤莲、江丕权：《从美国几所著名大学看世界一流大学的成因》，《中国高教研究》1994 年第 1 期。

张弘、李冲：《MIT 与 CIT 文科建设的比较研究》，《理工高教研究》2005 年第 2 期。

张慧洁：《巨型大学组织变革》，厦门大学博士学位论文，2003。

张洁：《如何发展有效的组织文化》，《现代管理科学》2001 年第 2 期。

张天舒：《校长在一流大学形成中的作用——以清华大学为例》，《高校教育管理》2008 年第 2 期。

张英姿：《学校组织文化初探》，首都师范大学硕士学位论文，2007。

张再兴：《求索》，清华大学出版社，2001。

张震：《世界一流大学组织文化的个案研究》，中南民族大学硕士学位论文，2008。

章仁彪：《走出"象牙塔"之后：大学的功能与责任》，《复旦教育论坛》2005 年第 3 期。

赵成：《治理视角下的大学制度研究》，天津大学博士学位论文，

2006。

赵沁平：《发挥大学第四功能作用 引领社会创新文化发展》，《上海教育》2007 年第 2A 期。

赵筱媛、苏竣：《世界一流研究型大学中人文社会科学的作用及发展趋势》，《高等教育研究》2005 年第 10 期。

赵筱媛、苏竣：《世界一流大学人文社会学科发展研究：历史、现状与启示》，《清华大学教育研究》2006 年第 3 期。

郑大钟、陈希：《MIT 的创新意识和创新能力教学》，《清华大学教育研究》1997 年第 3 期。

郑海涛：《清华大学国学院与当代高校文学教育》，《教育评论》2008 年第 1 期。

郑君里、于歆杰：《美国 MIT EECS 系本科生课程设置简介》，《电气电子教学学报》2006 年第 2 期。

钟波：《近代中国大学校长治校理念与中国高等教育近代化》，湘潭大学博士学位论文，2003。

钟玮、仇军：《MIT 与清华大学体育之比较研究》，《高等工程教育研究》2005 年第 2 期。

周玲：《研究型大学内涵建设中的组织文化冲突》，《复旦教育论坛》2007 年第 6 期。

周晓娅、康飞宇：《中美工程硕士教育比较》，《清华大学教育研究》2001 年第 3 期。

周义：《两种大学理想的纠葛》，《教育学报》2005 年第 3 期。

周兆透：《大学学术组织中的领导行为与教师行为关系研究》浙江大学博士学位论文，2007。

朱汉城、穆礼第：《普通大学艺术类课程的设置与学科分布——清华大学与麻省理工学院普通艺术类课程比较分析》，《中国高等研究》2004 年第 10 期。

朱燕飞：《麻省理工学院通识教育研究》，中国科学技术大学硕士学位论文，2005。

　　庄丽君：《世纪清华之二》，清华大学出版社，2001a。

　　庄丽君：《世纪清华之三》清华大学出版社，2001b。

　　张建新、董云川：《大学文化研究述评及探究思路》，《中国大学教学》2005 年第 3 期；白华、杨瑾：《大学文化在社会主流文化传播中的作用》，《新闻知识》2008 年 3 月。

　　Balán，J.，2006. Reforming Higher Education in Latin America Policy and Practice. Latin American Research Review，41（2）.

　　Baldridge，J. V.，1971a. Power and conflict in the university：Research in the sociology of complex organizations. New York：Wiley.

　　Baldridge，J. V.，1971b. Academic governance：Research on institutional politics and decision making. Berkeley，CA：McCutchan.

　　Bass，B. M. and B. J. Avolio，1994. Transformational leadership and organizational culture. International Journal of Public Administration，17（3）：541 – 554.

　　Bjorn，S. and D. N. Jorunn，2001. Innovation and isomorphism：A case-study of university identity struggle 1969 – 1999. Higher Education，42：473 – 492.

　　Boer，H. F. D.，J. Enders and L. Leisyte，2007. Public Sector Reform in Duthc Higher Education：The Organizational Transformation of the University. Public Administration，85（1）：27 – 46.

　　Brennan，S. D.，2006. Out by More than One Degree：Politics and Organizational Change Within an Australian University. Educational Research for Policy and Practice，5：73 – 100.

　　Brewster，K. J.，1965. Future strategy of the private university. Princeton Alumni Weekly，45 – 46.

　　Brint，S.，M. Riddle and L. Turk-Bicakci，et al. 2005. From the Liberal to the Practical Arts in American Colleges and Universities：

Organizational Analysis and Curricular Change. Higher Education, 76 (2): 151 – 180.

Charles, W. L. H. and R. J. Garet, 2001. Strategic in the Global Environment. Strategic Management.

Clark, B. R. , 1960. The open door college: A case study. New York: McGraw-Hill.

Cohen, M. D. and J. G. March, 1974. Leadership and ambiguity: The American college president New York: McGraw-Hill.

Conference, Program, 2008. 1949. Report of the committee on educational survey to the faculty of the Massachusetts Institute of Technology. Cambridge, Massachusetts: The technology press of the Massachusetts institute of technology.

Corson, J. J. , 1960. Governance of colleges and universities. . New York: McGraw-Hill.

Donald, J. H. , 1999. Becoming a Student-Centered Research University: A Case Study of Organizational Change. Syracuse University, Cultural Foundations of Education.

Entrepreneurial, Impact, 2009. The Role of MIT. http://entrepreneurship. mit. edu/impact. php.

Eykamp P W. 1995. Political Control of State Research Universities: The Effect of the Structure Quality and Budget [D]. University of California, San Diego.

Frank, D. J. and J. W. Meyer, 2007. University expansion and the knowledge society. Theory and society, 36 (4): 287 – 311.

Friedlander, F. Brown. , 1974. Organization Development. Review of Psychology, 25: 313 – 341.

Gioia, D. A. and J. B. Thomas, 1996. Identity, Image, and Issue Interpretation: Sensemaking during Strategic Change in Academia.

Administrative Science Quarterly, 41: 370 – 403.

Giuseppe, L. , F. F. James and B. T. James, et al. 2001. Emulation in Academia: Balancing Structure and Identity. Organization Science, 12 (3): 312 – 330.

Grégoire, M. , L. Michèle and G. Joshua, 2009. Fairness as Appropriateness: Negotiating Epistemological Differences in Peer Review. Science, Technology and Human, 1 – 41.

Gumport, P. J. and B. Pusser 1999. University restructuring: The role of economic and political contexts. Palo Alto Calif. : Stanford University, NCPI.

Hackman, J. D. , 1985. Power and Centrality in the location of Resources in Colleges and Universities. Administrative Science Quarterly, 30: 61 – 77.

Hasan, S. and A. Dilkan, 1998. Anomaly-based change in higher education: The case of a large, Turkish public university. Higher Education, 36: 155 – 179.

Hermanowicz, J. C. , 2005. Classifying Universities and Their Departments: A Social World Perspective. Higher Education, 76 (1): 26 – 52.

Hite J. 1999. Learning in Chaos: Improving Human Performance in Today's Fast-Changing. Houston, Texas: Gulf Pub. Co. .

Hofstede, Geert H. , 1984. Culture's Consequences: International Differences in Work-Related Values, abridged edn. Thousands Oaks CA: Sage Publication Inc. MaGraw Hill.

Karl, Taylor Compton, 1930. The Inaugural Address, June 6, 1930. Technology Review. 32, July , 436 – 438, 465, 466.

Kast, Fremont E. , E. R. James, 1970. Organization and Management: A Systems Approach (McGraw-Hill Series in Management) .

Katz, D. , 1966. The social psychology of organizations. New York: John Wiley and Sons.

Keith, B. , 1999. The Institutional Context of Departmental Prestige in American Higher Education. American Educational Research Journal, 36 (3): 409 – 445.

Kim, S. Cameron, 1986. Effectiveness as paradox: Consensus and conflict in conceptions of organizational effectiveness. Management Sciences, 32 (5): 539 – 553.

Kim, T-Y, D. Shin and H. Oh, et al. 2007. Inside the Iron Cage: Organizational Political Dynamics and Institutional Changes in Presidential Selection Systems in Korean Universities, 1985 – 2002. Administrative Science Quarterly, 52: 286 – 323.

Kotter, J. P. , 1995. Leading Change. Harvard Business School.

Kotter, J. P. and L. A. Schlesinger, 1979. Choosing Strategies for Change, Harvard Business Review, Mar/Apr.

Kreysing, M. , 2002. Autonomy, accountability, and Organizational Complexity in Higher Education: the Goettingen Model of University Reform. Journal of Educational Administration, 40 (6): 552 – 560.

Labianca, G. , Fairbank, J. F. and J. B. Thomas, et al. 2001. Emulation in Academia: Balancing Structure and Identity. Organization Science, 12 (3): 313 – 341.

Leavitt, H. J, R. D. William and B. E. Henry, 1973. The Organizational World. New York, : Harcourt Brace Jovanovich.

Leitzel, J. and D. Hiley, 2004. Integrated Planning and Change Management at a Research University. Change, January/February: 37 – 45.

Lewin, K. , 1951. Field Theory in Social Science. New York: Harper & Row.

Maanen, J. V. , 1995. Style as theory. Organization Science, 6 (1):

133 – 143.

Marvin, W., J. V. Marc, 2004. How Organizations Change: The Role of Institutional Support Mechanisms in the Incorporation of Higher Education Visibility Strategies, 1874 – 1995. Organization Science, 15 (1): 82 – 97.

McConnell, T. R., 1963. Needed research in college and university organization and administrations. The study of academic organizations (Lunsford T. Ed.). Boulder Co-lo: WICHE.

Millett, J. D., 1962. The academic community: An essay on organization. New York: McGraw-Hill.

Mortensen, J. C., 1995. The impact of organizational culture on Federal Laboratory aggressiveness towards technology transfer [D]. Syracuse University, Public Administration.

Mosher, F. C., 1967. Governmental Reorganization: Case and Commentary. New York: The Bobbs-Merrill Company, Inc.

Neumann, A., 1991. The Thinking Team: Toward a Cognitive Model of Administrative Teamwork in Higher Education. The Journal of Higher Education, 62 (5): 485 – 513.

Pascarella, P., 1998. Charting a Course for Change. Management Review, 87 (1): 52 – 54.

Peterson, M. W., 1985. Emerging developments in postsecondary organization theory and research: Fragmentation or integration. Educational Researcher, 3: 5 – 12.

Pratt, Z. L., 2004. An Investigation of the Relationships Between External Environment, Mission and Strategy, Leadership, Organizational Culture, and Performance. Michigan State University Department of Park, Recreation and Tourism Resources.

Recardo, R. J., 1991. The What and How of Change Management.

Manufacturing System, 5: 52 – 58.

Report of the Committee on Educational Survey to the Faculty of MIT. 1949. The Technology Press of the MIT.

Richard, H. R-E. , 1998. A Mix of Cultures, Values, and People: An Organizational Case Study. Human Organization, 57 (1): 94 – 107.

Robbins, S. P. , 1995. Organization Theory, Structure Design and Applications, 5th Ed. New Jersey: Prentice Hall Engle wood Cliffs.

Rogers, E. S. , Ed. 1896. Life and Letters of William Barton Rogers, The Riverside Press, Boston and New York.

Samuel, C. Prescott. , 1954. When MIT was " Boston Tech ", the Technology Press, Cambridge, 51.

Schein, Edgar H. , 1987. Process Consultation: Vol 1. Lessons for managers and consultants. Reading. MA: Addison-Wesley.

Schein, Edgar H. , 1990. Organizational Culture and Leadership. San Francisco: Jossey-Bass.

Scope and Plan of the School of Industrial Science of the Massachusetts Institute of Technology. 1864 [2010 – 3 – 3]. http: //libraries. mit. edu/ archives/timeline/scope-plan. html.

Simsek, H. , 1997. Metaphorical images of an organization: The power of symbolic constructs in reading change in higher education organizations. Higher Education, 33 (3): 283 – 307.

Simsek, H. , 1998. Kondratieff Cycles and Long Waves of Educational Reform: Educational Policy and Practice From 1789 to 2045.

Simsek, H. , Yildirim A. 2000. Vocational schools in Turkey: An administrative and organizational analysis. International Review of Education / Internationale Zeitschrift für Erziehungswissenschaft /Revue internationale l'éducation, 46 (3): 327 – 342.

Steven, B. , R. Mark and T-B Lori, et al. 2005. From the Liberal to the Practical Arts in American Colleges and Universities: Organizational Analysis and Curricular Change. The Journal of Higher Education, 76 (2): 151 – 180.

Study Group on the Conditions of Excellence in American Higher Education. 1984. Washington D. C. : National Institute of Education, U. S. Dept. of Education.

Task Force Final Report. 1998. the Presidential Task Force on Student Life and Learning. http: //web. mit. edu/committees/sll/.

Ted, I. K. Youn and Patricia, B. Murphy, Ed. 1997. Organizational Studies in Higher Education, The Garland Series in Contemporary Higher Education. New York: The Garland Press.

Tetreault, M. K. and T. Rhodes, 2004. Institutional Change as Scholarly Work: General Education Reform at Portland State University. The Journal of General Education, 53 (2): 81 – 107.

Torres, C. A. and D. Schugurensky, 2002. The political economy of higher education in the era of neoliberal globalization: Latin America in comparative perspective. Higher Education, 43: 429 – 455.

Tsui, A. S. , Z. X. Zhang and H. Wang, et al. 2006. Unpacking the relationship between CEO leadership behavior and organizational culture. The Leadership Quarterly, 17 (2): 113 – 137.

Turnbull, S. and G. Edwards, 2005. Leadership Development for Organizational Change in a New U. K. University. Advances in Developing Human Resources, 396 – 414.

Warter, W. P. and S. Richard, 2006. The Non profit Sector. New Haven & London: Yale University Press.

Washington, M. , M. J. Ventresca, 2004. How Organizations Change: The Role of Institutional Support Mechanisms in the Incorporation of Higher Education Visibility Strategies, 1874 – 1995. Organization Science, 15 (1):

82 – 97.

Weick, K. E., 1976. Educational organizations as loosely coupled systems. Administrative Science Quarterly, 21 (1): 1 – 19.

Weick, K. E., 1989. Theory Construction as Disciplined Imagination. The Academy of Management Review, 14 (4): 516 – 531.

Whitehead, A. N., 1928. Universities and their functions. Atlantic Monthly, 141 (5).

Wong, M. P. A. and W. G. Tierney, 2001. Reforming Faculty Work: Culture, Structure, and the Dilemma of Organizational Change. Teachers College Record, 103 (6): 1081 – 1101.

Wright, B. D., 2001. The Syracuse transformation on Becoming A Student-Centered Research University. Change, July /August: 39 – 47.

Wylie, Francis E., 1975. MIT in Perspective: A Pictorial History of the Massachusetts Institute of Technology. Boston, MA: Little, Brown.

Zha, Q., 2006. Diversification or Homogenization How Chinese Government Shape the higher education system [ D ]. University of Toronto.

Zorn, T., 2000. Do We Really Want Constant Change. New Zealand Management, 47 (3): 9.

图书在版编目（CIP）数据

　　组织文化和变革相互关系探析：以清华大学与麻省
理工学院为例／黄晟，王孙禺著. -- 北京：社会科学
文献出版社，2016.4
　　ISBN 978 - 7 - 5097 - 7646 - 9

　　Ⅰ.①组…　Ⅱ.①黄…②王…　Ⅲ.①清华大学 - 组
织文化 - 关系 - 组织 - 变革 - 研究②麻省理工学院 - 组织
文化 - 关系 - 组织 - 变革 - 研究　Ⅳ.①G649.281
②G649.712.8

　　中国版本图书馆 CIP 数据核字（2011）第 130671 号

**组织文化和变革相互关系探析**
　　——以清华大学与麻省理工学院为例

著　　者／黄　晟　王孙禺

出 版 人／谢寿光
项目统筹／宋月华　范　迎
责任编辑／范　迎

出　　版／社会科学文献出版社·人文分社（010）59367215
　　　　　　地址：北京市北三环中路甲 29 号院华龙大厦　邮编：100029
　　　　　　网址：www.ssap.com.cn
发　　行／市场营销中心（010）59367081　59367018
印　　装／北京季蜂印刷有限公司

规　　格／开本：787mm×1092mm　1/16
　　　　　　印　张：12.5　字　数：178 千字
版　　次／2016 年 4 月第 1 版　2016 年 4 月第 1 次印刷
书　　号／ISBN 978 - 7 - 5097 - 7646 - 9
定　　价／69.00 元

本书如有印装质量问题，请与读者服务中心（010 - 59367028）联系